DER MALER UND SEINE FARBEN

EINE ANLEITUNG MIT FARBEN LEHRE

JOSE M. PARRAMON

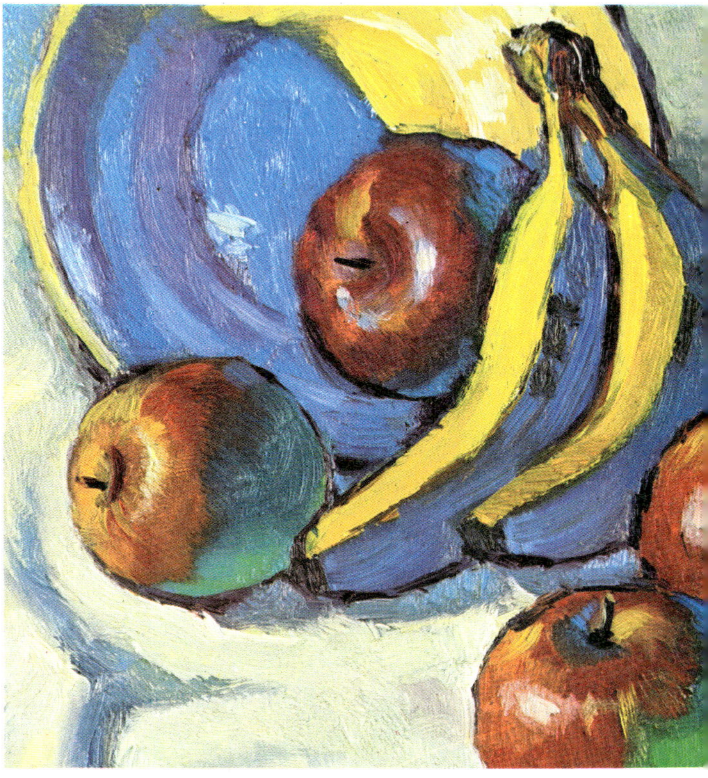

DER MALER UND SEINE FARBEN

EINE ANLEITUNG MIT FARBEN LEHRE

JOSE M. PARRAMON

EDITION
MICHAEL FISCHER

Titel der Originalausgabe: "Así se pinta"
Aus dem Französischen übertragen von Christa L. Cordes

1. Auflage 1984

ISBN 3- 924433-01-1

Einbandillustration: Francisco Serra

INHALTSVERZEICHNIS

ERSTES KAPITEL
Ein außergewöhnliches Experiment 7
Die Farbenlehre 8
Licht, Farben und Pigmente 11
Von der Theorie zur Praxis 16
Die Faktoren, die die Farbe eines Körpers bestimmen 18
Die drei Grundfarben und Weiß 24

ZWEITES KAPITEL
Farben und Kontraste 36
Das Phänomen der sukzessiven Bilder 40
Induktion oder "Sympathie" der Komplementärfarben 44
Von der Theorie zur Praxis 46
Gebrauch und Mißbrauch von Weiß 52
Gebrauch und Mißbrauch von Schwarz 53

DRITTES KAPITEL
Die von Künstlern am meisten benutzten Farben 64
Tafel der am meisten verwendeten Farben 65
Kurze Beschreibung der dreizehn Farben, die der Kunstmaler am meisten verwendet 66
Wie man die Farben der Schatten malt 79
1. Farbe: Blau, das in allen Schatten vorhanden ist 80
2. Farbe: ein dunklerer Ton der Eigenfarbe 82
3. Farbe: die Komplementärfarbe der Eigenfarbe 84
Das fertige Bild 86

VIERTES KAPITEL
Allgemeine Grundsätze der Farbakkordik 92
Melodische Farbskala 94
Harmonische Farbskala 98
Vierklangskala der farbigen Grautöne aus Mischungen von Komplementärfarben 102
Harmonische Skala der kalten Farben 104
Harmonische Skala der warmen Farben 106
Spektralskala mit warmer oder kalter Dominanz 108
Praktische Anwendung 110

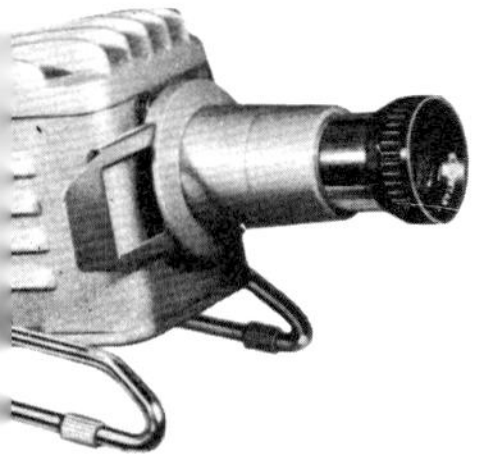

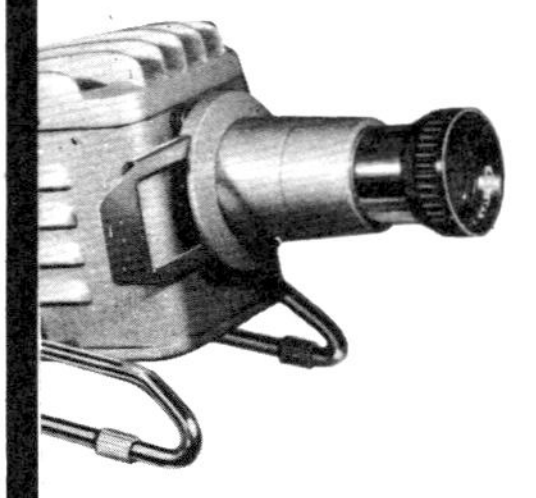

Die Buchreihe "Malen und Zeichnen" ermöglicht eine umfangreiche Einführung und Ausbildung in den unterschiedlichen künstlerischen Maltechniken. Sie wendet sich an alle, die einzeln oder in der Gemeinschaft mit anderen Wege des künstlerischen Schaffens für sich entdecken wollen.

"Erlesene Schöpfungen", wie Valéry es nannte, sind heute nicht mehr einer Elite vorbehalten, sondern für alle erreichbar, die sich von kreativer Arbeit anregen lassen.

Der einzelne Hobbymaler oder der Gruppenleiter findet in diesen Bänden alle Antworten auf technische Probleme, die sich bei schöpferischen Überlegungen zwangsläufig stellen.

Die Bände umfassen die ganze Spannbreite der unterschiedlichsten Ausdrucksformen, beschreiben das dafür notwendige Material und stellen die einzelnen Phasen der Entstehung der Arbeiten vor.

Die Bände, die in erster Linie der Einführung in die jeweilige Technik gelten, sind fast immer in Kursform abgefaßt. Jede Lektion ist aktiv gestaltet: Der Theorie folgen ausführliche praktische Übungen mit fortschreitendem Schwierigkeitsgrad.

Zahlreiche Illustrationen ermöglichen die unmittelbare Anschauung und dienen dem besseren Verständnis der einzelnen Stadien der jeweiligen künstlerischen Technik. Kleine humorvolle Geschichten lockern das Ganze auf und vermitteln gleichzeitig allgemeine Kenntnisse.

Am Schluß der entscheidenden Kapitel fassen wir die wichtigsten Gedanken und die wesentlichen Gesetze noch einmal zusammen, um das Erlernte zu festigen.

Mögen diese Bände Ihnen den Einstieg und die Ausbildung in der künstlerischen Ausdrucksform Ihrer Wahl erleichtern.

ERSTES KAPITEL SPEKTRALFARBEN PIGMENTFARBEN FARBENLEHRE EIN AUßERGEWÖHNLICHES EXPERIMENT

Ich lösche das Licht im Saal. Ich taste mich durch das Dunkel. Ich strecke die Hand aus und lege sie auf den Metallknopf eines Diaprojektors.

In dem Saal, in dem ich mich zurzeit befinde, stehen drei Diaprojektoren. Im Hintergrund dient ein Laken als Leinwand. Jeder Projektor ist zwischen Birne und Linse mit einem Rot-, Grün- bzw. Blaufilter ausgestattet.

Ich drücke im Dunkeln auf den Knopf, und das Licht des ersten Projektors leuchtet auf. Auf der Leinwand erscheint ein grünes Dreieck.

Bis hier ist das alles ganz normal und verständlich. Ich habe eine grüne Lampe eingeschaltet, und auf der Leinwand taucht ein Rechteck aus grünem Licht auf.

Nun schalte ich den zweiten Projektor ein. Neben dem grünen Rechteck fällt ein rotes Licht auf die Leinwand.

Ich verschiebe den Projektor mit dem roten Licht so, daß beide Lichtbündel zusammenfallen und das Rot sich auf das Grün legt. Auf der Leinwand entsteht ein brillantes leuchtendgelbes Rechteck.

Gelb! Verstehen Sie? Gelb! Jeder noch so unerfahrene Hobbymaler weiß, daß eine Mischung von Rot und Grün Braun ergibt, ein dunkles Braun, eine Art Schokoladenbraun. Aber Gelb?

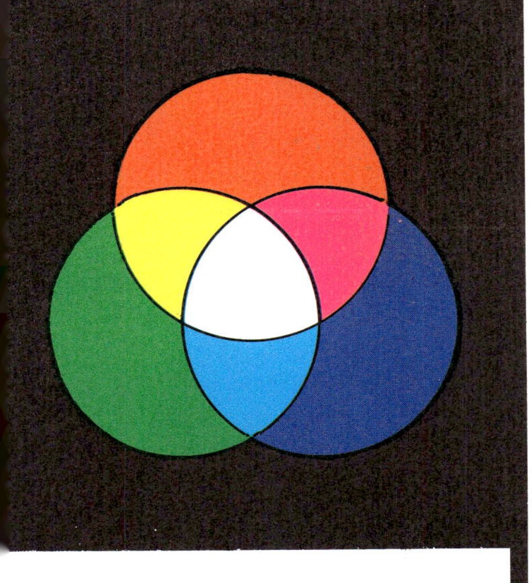

Ich schalte den dritten Projektor ein. Neben dem seltsamen Gelb erscheint diesmal ein blaues Rechteck auf der Leinwand, das von dem Blaufilter stammt.

Und jetzt kommt das unverständliche Ende: Ich schiebe das blaue Rechteck langsam über das gelbe Rechteck, bis sich die Strahlen decken. Und aus der Mischung von Rot, Grün und Blau ergibt sich ein absolut WEISSES LICHT.

In diesem Augenblick habe ich das Gefühl, daß meine Erfahrungen als Maler nicht mehr zählen. Ich habe große Lust, dieses für mich so überraschende Phänomen auch den anderen zu zeigen; denn hier habe ich mit eigenen Augen die Bestätigung für die seltsame Theorie des berühmten englischen Physikers Young erhalten, der schon im vorigen Jahrhundert in seiner Dreikomponentenlehre feststellte:

Eine Überlagerung der drei Farbbündel Dunkelblau, leuchtend Rot und leuchtend Grün ergibt ein klares, brillantes Weiß. Das heißt, die Farbstrahlen vereinigen sich wieder zum eigentlichen Licht.

DIE FARBENLEHRE

DIE FARBE IST LICHT, LICHT IST DIE FARBE

Ein Sommernachmittag auf dem Land. Die Erde ist feucht, es hat geregnet. Im Westen scheint aber immer noch die Sonne. Da taucht plötzlich am unendlich weiten, klaren, ultramarinblauen Himmel ein phantastischer Farbbogen auf: ein Regenbogen.

Dort in der Ferne regnet es also immer noch; denn wie Sie wissen, besteht der Regenbogen aus Millionen von Wassertropfen, die sich jeder einzeln wie ein Glasprisma verhalten, wenn die Sonnenstrahlen darauf fallen. Sie zerlegen das Licht in sechs Farben, die Regenbogenfarben.

Vor mehr als zweihundert Jahren wiederholte Newton dieses Phänomen der Regenbogenfarben in einem Raum seines Hauses. Dazu schloß er sich in dem absolut verdunkelten Zimmer ein und ließ nur einen einzigen Sonnenstrahl durch ein winziges Loch hereinfallen. Diesen Strahl fing er mit einem dreikantigen Glasprisma auf, und es gelang ihm, das weiße Licht in die Spektralfarben zu zerlegen:

Die Spektralfarben (1)
Purpur
Rot
Gelb
Zyanblau
Dunkelblau

(1) Wir geben hier den derzeitigen Stand der Erkenntnisse über die Spektralfarben wieder, die sich vor allem auf die Forschungsarbeiten für die Farbfotografie gründen. Diese Arbeiten heben die Farbenlehre für die Kunst der Malerei auf eine absolut wissenschaftliche Ebene. Das Institut Parramón freut sich, diese Lehren zum erstenmal in einem Lehrbuch für die Malerei berücksichtigen zu können. Es dankt der Firma Agfa Gaevert für die Hilfe und freundliche Unterstützung bei der Beschaffung von Informationsmaterial.

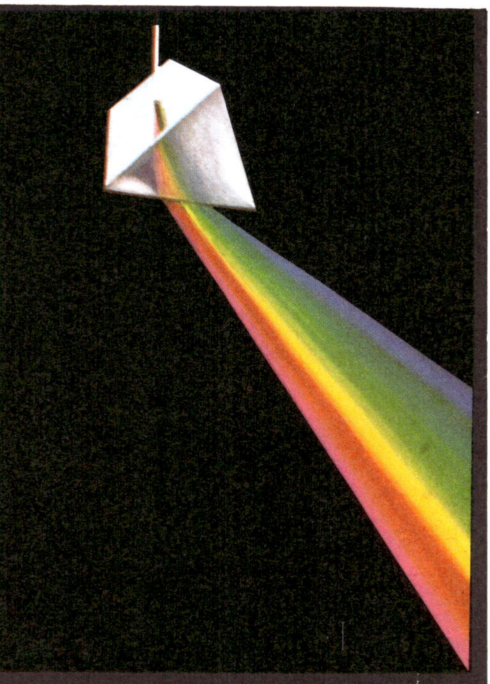

1

Einige Zeit später machte der Physiker Young das genau entgegengesetzte Experiment. Während Newton das Licht mit Hilfe eines Prismas in die sechs Spektralfarben *zerlegte*, addierte Young die Farben wieder. Er führte das zu Beginn dieses Buches beschriebene Verfahren durch, ließ die sechs Farbstrahlen zusammenlaufen und erhielt ein weißes Licht.

(Zum Verständnis dieses physikalischen Phänomens – der Tatsache, daß eine Mischung aus mehreren leuchtenden, zum Teil dunklen Farben eine hellere Farbe ergibt – sei daran erinnert, daß es sich hier um die

Spektralfarben handelt. Man experimentiert also mit Lichtbündeln, die sich wieder zu Licht zusammensetzen. Dabei ergibt die Addition zweier Spektralfarben eine *hellere, intensivere* Spektralfarbe. Logischerweise muß also die Summe der Spektralfarbe Grün und der Spektralfarbe Rot zu einer helleren Spektralfarbe führen: dem Gelb.)

Noch etwas hat Young aufgezeigt, das für unser Studium von Bedeutung ist. Bei seinen Experimenten mit den Farblampen wies er durch Ausscheiden nach, daß sich die sechs Spektralfarben auf die drei Grundfarben des Spektrums reduzieren lassen. Das heißt, man kann allein mit den drei Spektralfarben Rot, Grün und Dunkelblau das weiße Licht wieder zusammensetzen (Abbildung 2). Young stellte ferner fest, daß man durch Mischung von jeweils zwei Spektralgrundfarben drei weitere Farben erhält: Zyanblau, Purpur oder Magentarot und Gelb. Damit war es gelungen, die drei Grund- und *die drei Zweitfarben* des Spektrums zu ermitteln (Abbildung 3).

2

3

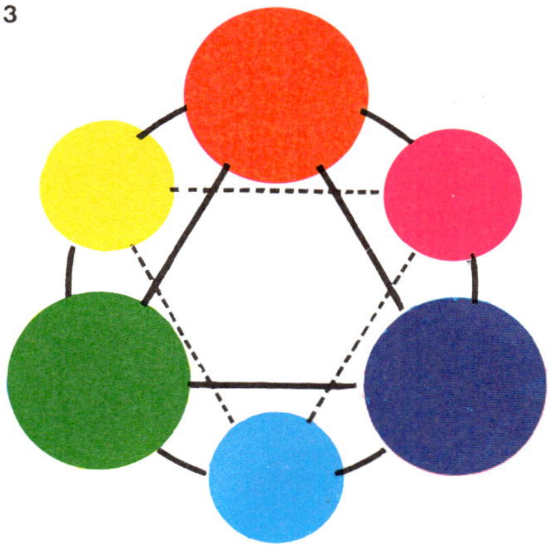

Die Grundfarben der Spektralfarben

Rot
Grün
Dunkelblau

(Die Zweitfarben der Spektralfarben aus einer Mischung von jeweils zwei Grundfarben)
Spektralblau + Spektralgrün = Zyanblau (1)
Spektralrot + Spektralblau = Purpur (2)
Spektralgrün + Spektralrot = Gelb

Dank dieser Klassifizierung der Spektralfarben lassen sich auch die Komplementärfarben ermitteln. Dabei ist festzustellen, daß es sich jeweils um eine Zweitfarbe und die ihr fehlende dritte Grundfarbe handelt, die sich gemeinsam wieder zu Weiß addieren.

Komplementäre Spektralfarben

Gelb ist die Komplementärfarbe von Dunkelblau
Zyanblau ist die Komplementärfarbe von Rot
Purpur ist die Komplementärfarbe von Grün

(1) Zyanblau ist die derzeitige technische Bezeichnung dieser sekundären Spektralfarbe. Zyanblau entspricht einem mittleren neutralen Blau.
(2) Purpur oder Magentarot entspricht einem mittleren Karminrot.

ABSORPTION UND REFLEXION

Alle Gegenstände, die Sie umgeben, alle Dinge, die Sie in diesem Augenblick sehen, werden von den Spektralfarben Blau, Rot und Grün beleuchtet. Manche dieser Körper werfen das gesamte auf sie fallende Licht wieder zurück; andere absorbieren es völlig oder beinahe, die meisten absorbieren jedoch nur einen Teil und reflektieren das übrige. Zusammenfassend heißt es in den Lehrbüchern zu dieser physikalischen Gesetzmäßigkeit:

Alle angestrahlten undurchsichtigen Körper haben die Eigenschaft, alles oder einen Teil des auf sie fallenden Lichtes zu reflektieren.

Man hat noch nicht herausgefunden, weshalb die Körper ausgerechnet die Farbe besitzen, die wir an ihnen erkennen – weshalb eine Tomate zum Beispiel rot ist. Man weiß jedoch, daß die Tomate, wenn sie angestrahlt wird und die Spektralfarben Rot, Grün und Blau auf sie treffen, die blauen und die grünen Farbstrahlen absorbiert und nur das rote Lichtbündel reflektiert. Aus diesem Grunde ist die Tomate für uns rot (Abbildung 4 C).

Auch die Seite dieses Buches, die Sie derzeit lesen, wird unsichtbar von den drei Grundfarben des Spektrums Blau, Grün und Rot beleuchtet, und das Papier reflektiert sie, wie es sie empfangen hat. Da die Summe der drei Grundfarben Weiß ergibt, ist die Papierseite für uns weiß (Abbildung 4A).

Wird jedoch zum Beispiel eine Flasche mit schwarzer Chinatinte angestrahlt, geschieht genau das Gegenteil. Auch auf diese Flasche fallen die drei Grundfarben des Spektrums. Doch sie werden vollkommen absorbiert und lassen den Körper ohne Licht. Auf diese Weise erscheint er uns schwarz (B).

Eine beleuchtete Banane empfängt ebenfalls die drei Grundfarben des Spektrums. Sie absorbiert die blauen Strahlen und reflektiert die grünen und roten, die uns – gemischt – die Banane gelb sehen lassen (D). Ein Pfirsich absorbiert Grün und reflektiert Rot und Blau, deren Mischung die purpurne Farbe ergibt (E).

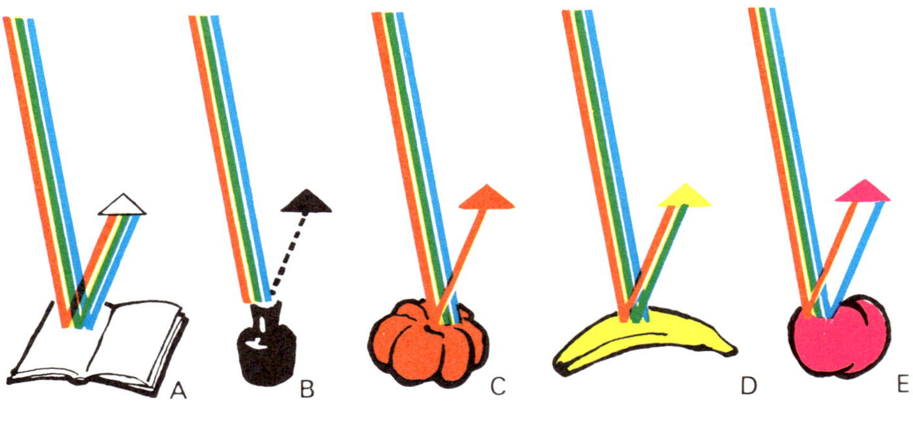

LICHT, FARBEN UND PIGMENTE

Wir wenden uns jetzt unserem eigentlichen Gebiet zu, den Farben zum Malen. Diese Farben bestehen aus Färbemitteln oder Pigmenten, mit denen man versucht, das Phänomen des Lichtes und der Spektralfarben, das wir soeben erklärt haben, zu imitieren. Wir werden kurz untersuchen, wie sich unsere Farben verhalten, so daß diese Nachahmung möglich wird.

Wir haben bereits festgestellt, daß das Licht zum "Tönen" der Körper, die ihm ausgesetzt sind, drei lebhafte, relativ dunkle Spektralfarben benötigt. Eine Mischung jeweils zwei dieser Spektralfarben ergibt drei weitere hellere Farben, und durch Mischung aller drei Farben erhält man wiederum weißes Licht.

Mit diesen Spektralfarben können wir jedoch nicht malen; das versteht sich von selbst. Beachten Sie also:

Es ist uns unmöglich, helle Farben durch Mischen von dunklen Farben zu erzielen.

Andererseits müssen wir uns an die sechs Farben des Spektrums halten, wenn wir die Wirkung des Lichtes imitieren möchten. Was muß also aus physikalischer Sicht geschehen? Man arbeitet weiterhin mit den sechs Farben des Spektrums, ändert jedoch die Vorrangstellung gewisser Farben gegenüber anderen. Dann bleibt das Endergebnis dasselbe. Das heißt:

Unsere Grundfarben entsprechen den Zweitfarben des Spektrums, und unsere Zweitfarben sind die Grundfarben des Spektrums.

Betrachten wir die Begründung für diese Umkehrung näher:

SYNTHESE DURCH ADDITION UND SYNTHESE DURCH SUBTRAKTION

Auch wenn Sie bisher nur wenig gemalt haben, werden Sie begreifen, daß unsere Farbmischungen immer davon ausgehen, daß man *Licht zurücknimmt,* also immer von helleren Farben zu dunkleren kommt. Malen Sie mit unseren Farben und mischen Sie zum Beispiel Rot und Grün, erhalten Sie – wie schon erwähnt – eine dunklere Farbe, in diesem Fall Braun. Mischen Sie die Pigmentfarben Zyanblau mit Purpur und Gelb – zweifellos drei leuchtende Farben –, erhalten Sie Schwarz. Es tritt also jedesmal das Gegenteil *dessen ein*, was wir bei den Spektralfarben gesehen haben.

Abbildung 5: Synthese durch Addition

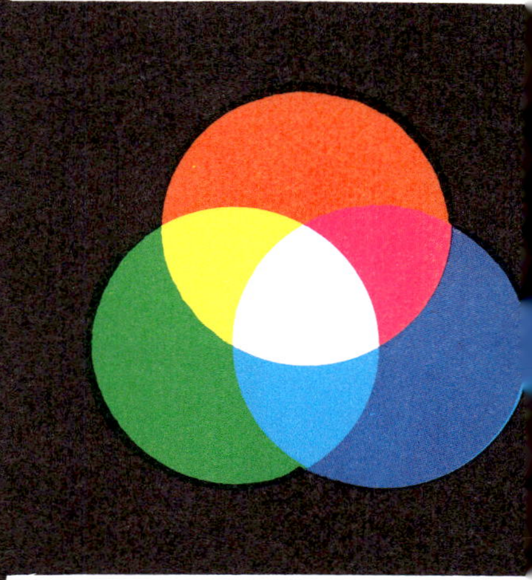

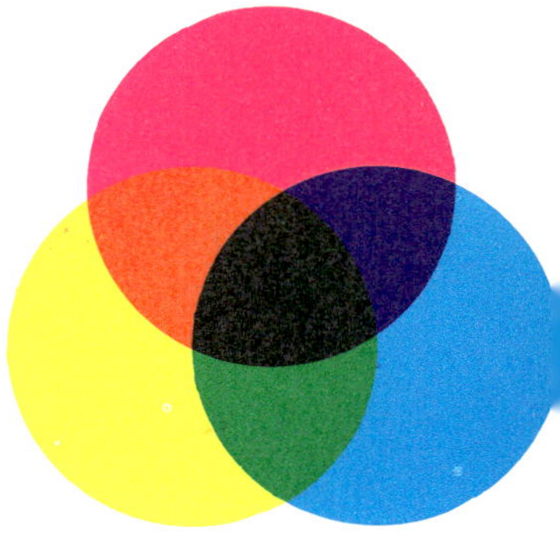

Abbildung 5: Synthese durch Subtraktion

"Färbt" das Licht, addiert es die verschiedenen Farbbündel. Es schafft Farbe durch Addition - oder Synthese durch Addition.

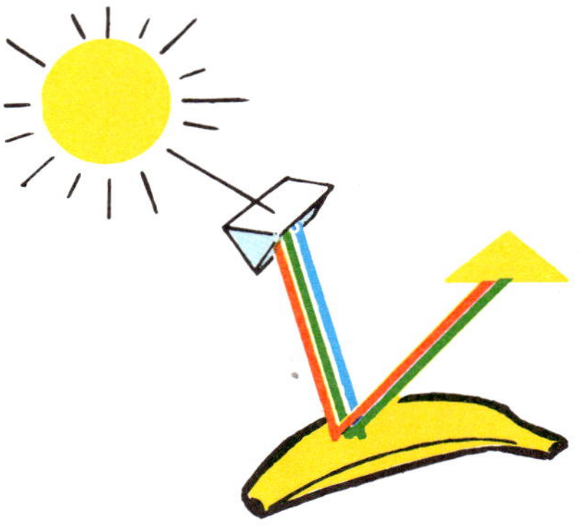

ABBILDUNG 7: SO FÄRBT DAS LICHT

Synthese durch Addition. Um die Zweitfarbe Gelb zu erhalten, addiert das Licht den roten und den grünen Farbstrahl. Diese durch Addition oder Synthese erhaltene Spektralmischfarbe ergibt ein helleres Licht (eine hellere Farbe).

Malen wir dagegen mit unseren Farben, nehmen wir das Licht zurück und erhalten diese Farben durch Subtraktion - oder Synthese durch Subtraktion.

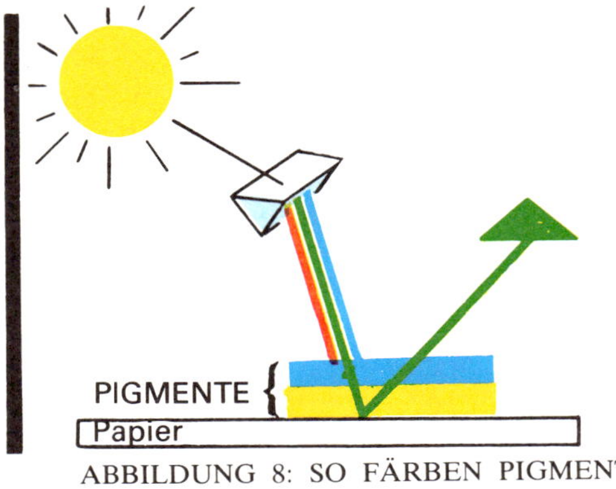

ABBILDUNG 8: SO FÄRBEN PIGMENTFARBEN

Synthese durch Subtraktion. Um die Zweitfarbe Grün zu erhalten, mischt man Zyanblau mit Gelb. Anders als bei den Spektralfarben, absorbiert das Blau Rot und das Gelb Blau. Beide Farben reflektieren nur das Grün, das also durch Subtraktion von Blau und Rot entsteht.

Nachdem wir jetzt die Herkunft und den Ursprung unserer Farben untersucht haben, kennen wir auch die Theorie, nach der wir die ganze Vielfarbigkeit der Farbschattierungen, der Töne und Nuancen, die wir auf unserem Modell entdecken, auf das Bild übertragen können. Zählen wir die Farben jetzt auf, und klassifizieren wir sie in Grundfarben, Zweitfarben und Drittfarben (Abbildung 9).

PIGMENTGRUNDFARBEN

ZYANBLAU
PURPUR (MAGENTAROT)
GELB

Diese Grundfarben lassen sich nicht durch eine Mischung aus anderen Farben herstellen. Es sind die *ursprünglichen Farben*, mit denen wir alle anderen Naturfarben mischen können.

PIGMENTZWEITFARBEN

ROTORANGE
GRÜN
DUNKELBLAU

Zweitfarben erhält man durch Mischen von zwei Grundfarben entsprechend der Anordnung im nebenstehenden Farbtonkreis.

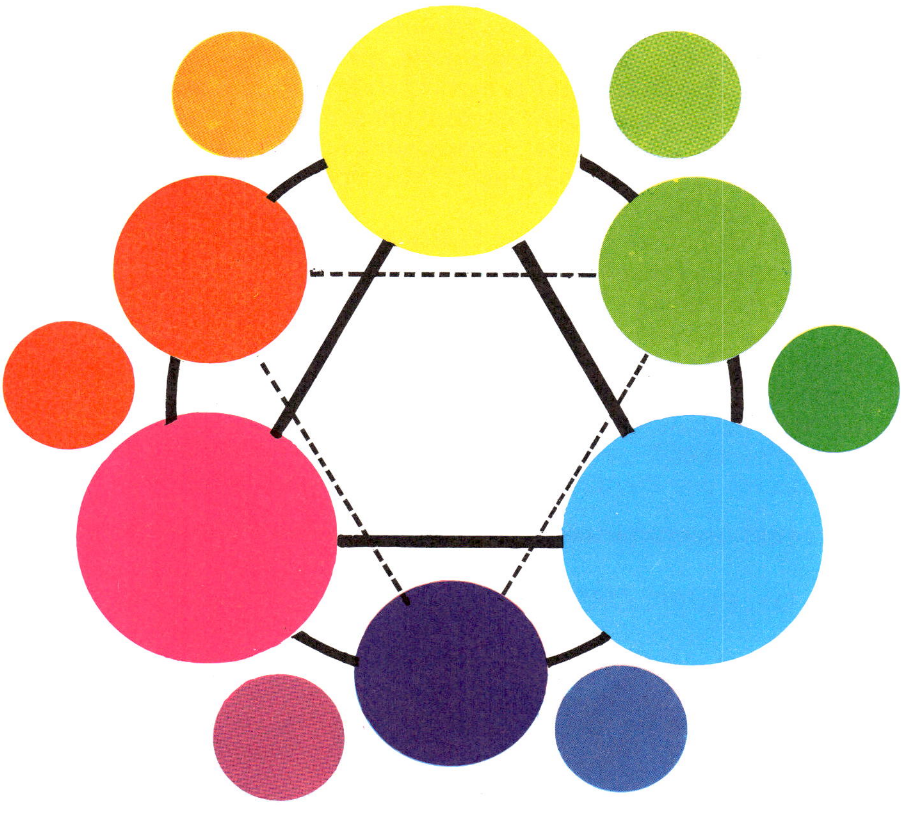

9

Diese Abbildung zeigt die Klassifizierung der Pigmentfarben.
Die Mischung von jeweils zwei Grundfarben (die drei großen Kreise) ergibt die Zweitfarben (roter, grüner und dunkelblauer Kreis). Mischt man diese wiederum mit einer Grundfarbe, erhält man die Drittfarben (kleine Kreise).

Die Mischung von Zyanblau und Purpur ergibt Dunkelblau.
Die Mischung von Purpur und Gelb ergibt Rotorange.
Die Mischung von Gelb und Zyanblau ergibt Grün.

Durch Mischung einer Grundfarbe mit der im Farbtonkreis am nächsten liegenden Zweitfarbe (siehe obenstehende Abbildung) erhält man eine Reihe weiterer Farben, die Drittfarben.

Die Pigmentdrittfarben

Smaragdgrün	**Violett**
Ultramarin	**Karmin**
Hellgrün	**Orange**

Die Bezeichnungen "Smaragdgrün" und „Ultramarin" für die Drittfarben stammen übrigens von mir. Ich bin der Meinung, daß dieses Grün dem Smaragdgrün, das in allen Farbtafeln für Ölfarben zu finden ist, äußerst nahekommt. Und das Blau entspricht in etwa dem Ultramarin dieser Karten. Meiner Ansicht nach ist es sinnvoller, diese konkreten Bezeichnungen zu wählen, die sich darüber hinaus auch leichter behalten lassen, als mit Umschreibungen wie "Hellblau", "Mittelblau mit Violettstich", "Dunkelblau" etc. zu arbeiten.

Mischt man schließlich eine Drittfarbe mit einer Zweitfarbe, erhält man eine weitere Skala von dunkleren Farben, die Viertfarben. Auf diese Weise läßt sich theoretisch eine unendliche Anzahl von Nuancen mischen, die alle - vergessen Sie das nicht! – aus den drei Pigmentgrundfarben Zyanblau, Purpur oder Magentarot und Gelb entstanden sind.

Das ist wirklich ein perfektes System. Wir erhalten auf diese Weise sämtliche Farben, die sich auch durch das außerordentliche Phänomen des Lichtes erzeugen lassen. Aufgrund dieser völligen Übereinstimmung dürfen wir auch bei den Pigmentfarben von ihren Komplementärfarben sprechen.

DIE KOMPLEMENTÄREN PIGMENTFARBEN

Dunkelblau ist die Komplementärfarbe von Gelb
Rotorange ist die Komplementärfarbe von Zyanblau
Grün ist die Komplementärfarbe von Purpur
(und umgekehrt)

Es sei nochmals daran erinnert, daß die Addition von Dunkelblau und Gelb - das sich aus den Spektralfarben Grün und Rot zusammensetzt - bei den Spektralfarben wieder weißes Licht ergibt.

Aber, höre ich Sie fragen, uns geht es doch um das Malen. Was bedeutet die ganze Angelegenheit mit den Komplementärfarben für uns?

Diese Frage ist sehr berechtigt.

Betrachten Sie den Farbtonkreis auf der vorigen Seite, stellen Sie fest, daß sich die Komplementärfarben jeweils genau gegenüberliegen. Dunkelblau ist demnach die Komplementärfarbe von Gelb (oder umgekehrt; man kann ebensogut sagen: "Gelb ist die Komplementärfarbe von Dunkelblau"); Rot ist die Komplementärfarbe von Zyanblau, und Grün ist die Komplementärfarbe von Purpur. Vielleicht sind sie deshalb komplementär, weil sie so entfernt, ja geradezu entgegengesetzt stehen. Das hat beim Malen durchaus auch Vorteile: Der Künstler erzielt dadurch eine außerordentliche Kontrastwirkung, er kann erstaunlich leuchtende Schatten und Hintergründe anlegen. Im Augenblick stehen wir jedoch noch am Anfang dessen, was Sie wissen müssen, um wie ein wirklicher Experte malen zu können. Haben Sie alles gut verstanden, was ich in diesem ersten Kapitel erklärt habe?

FARBENLEHRE - ZUSAMMENFASSUNG

– Das weiße Licht ist die Summe aller Spektralfarben.
– Die Grundfarben des Spektrums entsprechen den Erstfarben der Spektralfarben: Blau, Grün und Rot.
– Eine Mischung der Spektralgrundfarben (Blau, Grün und Rot) ergibt wiederum weißes Licht.
– Die Körper haben die Eigenschaft, alles oder einen Teil des Lichtes, das auf sie fällt, zu reflektieren.
– Das Licht färbt die Körper dank einer Synthese durch Addition (die Summe der Spektralfarben) der Grundfarben Blau, Grün und Rot.
– Beim Malen verwenden wir das genau entgegengesetzte System. Der Künstler benutzt in erster Linie hellere Farben, bei deren Mischung Licht abgezogen wird - Synthese durch Subtraktion. Durch Mischung der drei Pigmentfarben erhält der Künstler Schwarz; das heißt, er erreicht das Gegenteil wie bei den Spektralfarben: die totale Subtraktion der Spektralgrundfarben.
– Grundsätzlich "färben" Maler und Licht jedoch mit denselben Farben: den Farben des Spektrums.

DIE WICHTIGSTEN SPEKTRALFARBEN

Grundfarben: Rot
Grün
Dunkelblau

SPEKTRAL-FARBEN

Zweitfarben: Zyanblau
Purpur
(Magentarot)
Gelb

DIE WICHTIGSTEN PIGMENTFARBEN

Grundfarben: Zyanblau
Purpur
(Magentarot)
Gelb

SPEKTRAL-FARBEN

Zweitfarben: Rot
Grün
Dunkelblau

Diese völlige Übereinstimmung ermöglicht es dem Künstler, die Wirkung des Lichtes nachzuahmen und alle Naturfarben mit einer bemerkenswerten Originaltreue wiederzugeben.

VON DER THEORIE ZUR PRAXIS

Genug der Lichtfarben, der Synthese durch Addition und der Spektren.
Ich will jetzt malen!

"WELCHE FARBE IST DAS"

* * *

Ja, hier sind wir richtig. Die Bäume, das Haus im Hintergrund... "Wieviel Uhr ist es?"

* * *

Sie sind eines Tages hier entlanggekommen und haben den Ort betrachtet, als sähen Sie das Bild davon schon im Rahmen an der Wand hängen. Sie haben den Weg entdeckt, die hohen, schlanken dichtbelaubten Bäume zu beiden Seiten und die Schatten auf dem Weg; ein Teil des Hauses dort hebt sich vor einem weit entfernten, diffusen, grünblauen Gebirge ab.

* * *

Hier sind Sie stehengeblieben. "Man sollte meinen, ein Sisley", haben Sie sich gesagt. "Hierher muß ich unbedingt mit meiner Staffelei zurückkehren." Dann haben Sie sich hingesetzt und das Bild lange betrachtet. Sie haben auf die Uhr geschaut, nach der Sonne gesehen, das Grün der Bäume noch einmal betrachtet und die Farben studiert, die das Haus um diese Tageszeit angenommen hat. Und Sie haben begonnen, sich zu fragen: "Welche Farbe ist das?"

* * *

Zunächst ein paar Striche mit Zeichenkohle, um die Blöcke, die Konturen und den Rahmen zu plazieren.

Anschließend besetzen Sie die Palette mit den Farben. Sie malen natürlich mit Ölfarben. Also benötigen Sie Titanweiß, Zitronengelb, Kadmiumgelb hell, Kadmiumgelb dunkel und Ultramarin dunkel. Sie betrachten den Himmel. Sie erinnern sich genau, bei dem großen impressionistischen Maler Sisley gelesen zu haben, daß er seine berühmten Landschaftsbilder immer mit dem Himmel begann. Sie betrachten also den Him-

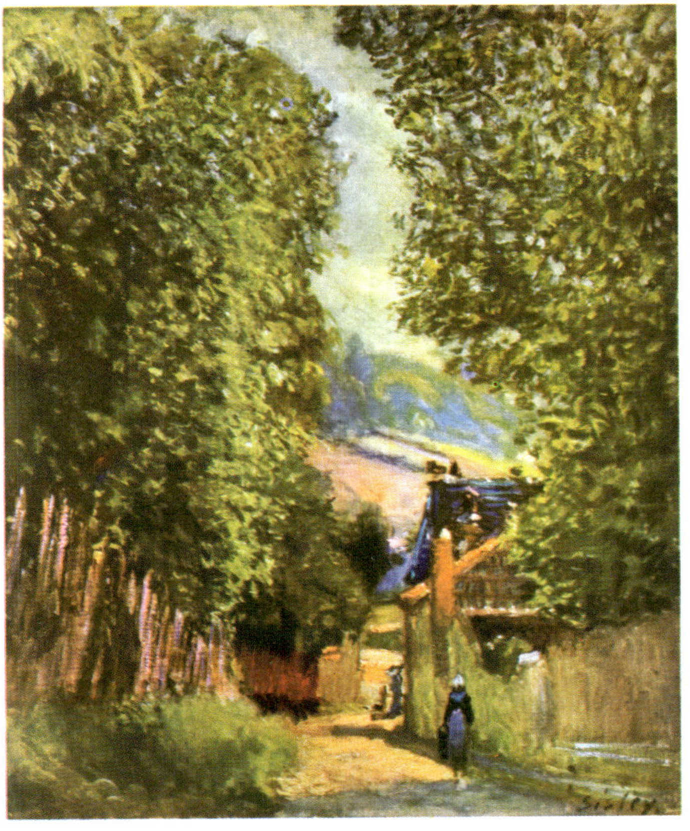

Abbildung 10: Hier die Landschaft, die ich auf diesen Seiten beschrieben habe. Ein Weg verläuft vom Vordergrund nach hinten, Bäume wachsen zu beiden Seiten, und ihr Schatten fällt auf den Boden.

Abbildung 11: Links eine Landschaft des großen Impressionisten Alfred Sisley. Es besteht tatsächlich eine gewisse Ähnlichkeit mit der Landschaft, die unser imaginärer Hobbymaler malen möchte.

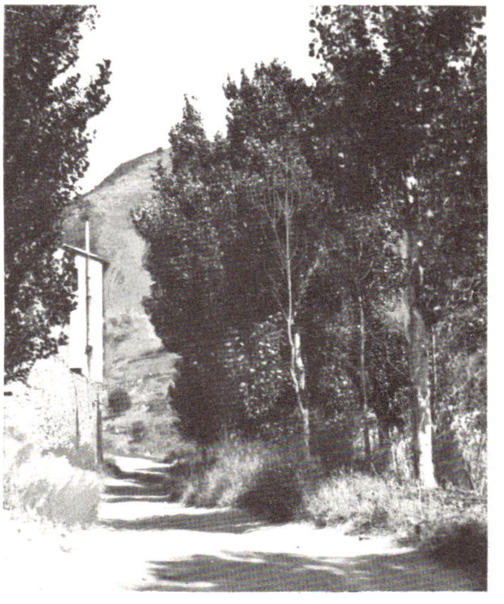

mel, und es stellt sich unausweichlich die Frage:

"Welche Farbe ist das?"

Blau, gewiß; Himmelblau, aber... Sie haben schon ein wenig Erfahrung mit dem Mischen und der Interpretation von Farben, und Sie wissen: Himmelblau kann viel besagen. Es kann zum Beispiel eine Verbindung aus Kobaltblau oder Ultramarin oder Preußischblau mit Weiß bedeuten. Welch eine Qual der Wahl allein schon bei all diesen Blautönen! Und Sie haben gelernt, daß Sie damit allein noch nicht das Himmelblau erzielen, das Sie dort sehen. Also, welche Farbe ist das? Man kann vielleicht sagen, daß sie aus mit Weiß aufgehelltem Kobaltblau und einer Spur Karmin und etwas Zitronengelb besteht.

* * *

Jetzt sind Sie bei dem Grün der Bäume. In Ihrem Farbkasten befinden sich drei Tuben mit Grün: Permanentgrün hell, Smaragdgrün und Saftgrün. Aber es ist immer dasselbe: Selbst mit Weiß aufgehellt, entsprechen diese Grüntöne nicht ganz der komplizierten Farbskala der Bäume.

Sie müssen sich für eine oder zwei der Grüntöne entscheiden und sie mischen und vielleicht etwas Gelb, Blau und Ocker hinzufügen.

* * *

Seit zwei Stunden schlagen Sie sich nun schon mit den Farben herum, und ohne es zu wollen, geraten Sie immer tiefer in die Graufalle.

Das ist also danebengegangen. Erschöpft packen Sie Ihre Sachen zusammen. Sie reinigen Ihre Palette. Dort gibt es nur noch eine Farbe: Grau, Grau und nochmals Grau.

* * *

Jeder von uns hat das erlebt. Eines Tages sind wir alle in die Graufalle geraten. Das ist eine verborgene Falle, auf die man sich bei der Beantwortung der Frage: "Welche Farbe ist das?" immer stärker zubewegt. Wissen Sie, weshalb? Zum Malen muß man vor allem

DIE FAKTOREN, DIE DIE FARBE EINES KÖRPERS BESTIMMEN, KENNEN.

Bevor Sie nach der Farbe eines Körpers fragen, sollten Sie die verschiedenen Faktoren unterscheiden und beurteilen können, die diese Farbe bestimmen. Dafür gibt es Regeln. Man kann sehr konkret darüber sprechen.

Alle beleuchteten Körper unterliegen mehr oder weniger stark den folgenden drei Faktoren, die seine Farbe bestimmen:

a) der Lokalfarbe: seiner spezifischen Eigenfarbe,
b) der tonalen Farbe: den Farbunterschieden, die durch das Spiel von Licht und Schatten entstehen,
c) der sie umgebenden Farbe: den Farben, die von den umliegenden Körpern zurückgestrahlt werden.

Diese drei Faktoren werden ihrerseits bestimmt durch:

d) die Eigenfarbe des Lichtes,
e) die Stärke des Lichtes,
f) die dazwischenliegende Atmosphäre.

Wir wollen uns mit diesen Faktoren näher befassen, denn sie müssen Ihnen ständig bewußt sein. Sonst gelingt es Ihnen nicht, die unterschiedlichen Nuancen Ihres Modells richtig zu erkennen.

A) DIE LOKALFARBE

Hierbei handelt es sich um die Eigenfarbe eines Körpers. Sie nennen wir, wenn wir die Farbe eines Gegenstandes beschreiben. Wir sprechen von einer *blauen* Blume, einer *roten* Kugel, einem *gelben* Kleidungsstück. Bei diesem Blau, Rot und Gelb handelt es sich um die *Lokalfarbe* des jeweiligen Gegenstandes.

Natürlich sind eine Blume, eine Kugel oder ein Kleidungsstück Körper mit einem Volumen. Aufgrund des Spiels von Licht und Schatten weisen sie, wenn man sie beleuchtet, unterschiedliche Farbnuancen auf. Außerdem kann die Farbe von in der Nähe befindlichen weiteren Farben beeinflußt werden.

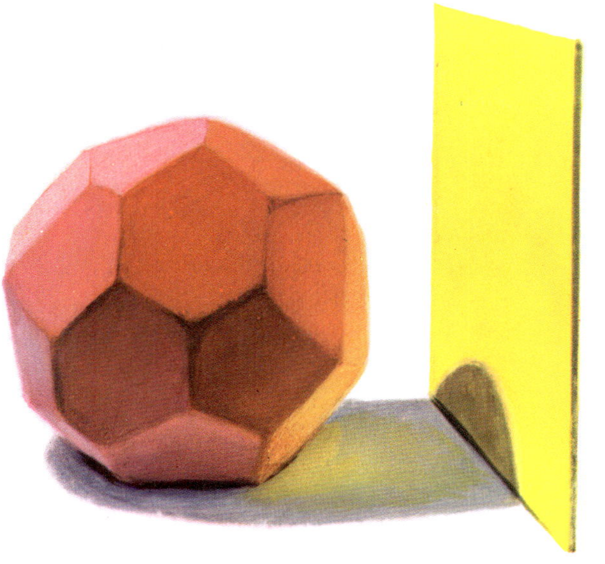

Konkret können wir folgendes festhalten:

Die Lokalfarbe ist die Eigenfarbe eines Körpers an jenen Stellen, die weder vom Spiel von Licht und Schatten noch von einer reflektierten Farbe beeinflußt werden.

Zum besseren Verständnis dieser Definition betrachten Sie bitte die obenstehende Abbildung 23. Sie stellt einen roten kugelförmigen Polyeder oder eine Kugel mit Facetten dar, die von der einen Seite beleuchtet wird und nahe an einer gelben Fläche liegt. Die gelbe Fläche ist völlig gleichmäßig und gerade und hat keinerlei Volumen. Sie besitzt nur die Lokalfarbe Gelb. Auf dem Polyeder sind dagegen ganz deutlich mehrere unterschiedliche Töne innerhalb der Skala der roten Lokalfarbe zu erkennen. Manche dieser Töne ergeben sich aufgrund des Einflusses von Licht und Schatten; andere beruhen auf dem reflektierten Licht der gelben Fläche.

Beachten Sie schließlich, daß weder das Spiel von Licht und Schatten noch das reflektierte Licht die Eigenfarbe des Polyeders völlig zu verändern vermögen. Das Rot, das sich in allen Farbnuancen befindet, bleibt weiterhin seine Grundfarbe.

B) DIE TONALE FARBE

Hierbei handelt es sich um die Lokalfarbe, die von den Auswirkungen von Licht und Schatten verändert wird, wie auf der Abbildung des Polyeders (Abbildung 12) deutlich zu erkennen. Auf der Kugel sind eindeutig hellere und dunklere Facetten auszumachen. Die einen werden aufgrund ihres Einfallwinkels stärker vom Licht beschienen, die anderen befinden sich mehr oder weniger entgegengesetzt zur Lichtquelle. Sie liegen daher weitgehend im Schatten.

Eine solche tonale Farbe steht fast immer unter dem Einfluß irgendwelcher reflektierten Farben, so daß oft schwer zu sagen ist, wo die tonale Farbe aufhört und die reflektierte Farbe beginnt.

Deshalb sollte man genauer sagen:

Die tonale Farbe ist eine hellere oder dunklere Variante der Lokal- oder Eigenfarbe, die normalerweise von den Reflexen weiterer Farben beeinflußt wird.

Wir kommen auf diesen wichtigen Aspekt zurück, nachdem wir den nächsten Punkt behandelt haben.

C) DIE REFLEKTIERTE FARBE

Jeder Körper, den Sie betrachten, steht insgesamt – vor allem aber auf seiner Schattenseite – unter dem Einfluß der ihn umgebenden Farben. Diese werden von den Körpern, die sich in seiner unmittelbaren Nähe befinden, zurückgeworfen. So kann die im Schatten liegende Mauer eines gekalkten Hauses – deren Eigenfarbe Weiß ist – richtig grünlich, orangefarben oder gelblich werden. Das ist die Folge der reflektierten Farbe einer nahestehenden Baumgruppe oder eines rötlichen oder gelblichen Bodens, der an die Mauer grenzt.

Beachten Sie die Veränderungen, die sich aus der Reflexion der gelben Farbe auf der senkrechten Fläche in der Lokalfarbe unseres Polyeders ergeben, der auf dieser Seite zahlreiche Gelb – und Orangetöne angenommen hat. Betrachten Sie auch, was unten am Polyeder geschieht. Die unteren Facetten haben eine blau- und violettstichige Farbe angenommen. Sie rührt von dem reflektierten Licht des Bodens, auf dem der Polyeder liegt.

DER GUT ODER SCHLECHT AUFGEFASSTE SCHATTEN

Aus der Analyse der beiden vorgenannten Faktoren – der Lokal- und der Tonalfarbe – läßt sich eine äußerst wichtige Folgerung ableiten:

Um die tonale Farbe eines Körpers zu erreichen, genügt es nicht, die Lokalfarbe einfach mit Schwarz abzuschatten.

Das ist leicht verständlich. Wir haben ja bereits gesehen, daß die Abgrenzung der tonalen und der reflektierten Farbe schwer zu definieren ist. Wir haben ebenfalls festgestellt, daß sich in der tonalen Farbe – also in den Farbwerten an den Schattenstellen des Körpers – immer Licht oder Farbe befindet, die von Körpern oder Flächen in der Umgebung reflektiert werden und die Eigenfarbe eines Gegenstandes mehr oder weniger deutlich beeinflussen. Glauben Sie also nicht, daß Sie die Lokalfarbe nur mit Schwarz abzudunkeln brauchen, um die tonalen Werte der Schattenstellen zu erreichen. Nein, das reicht nicht aus; denn in diesem Spiel von Licht und Schatten machen sich gewiß auch die gesamten reflektierten Farben der Umgebung bemerkbar und schaffen dort Dutzende von unterschiedlichen Nuancen.

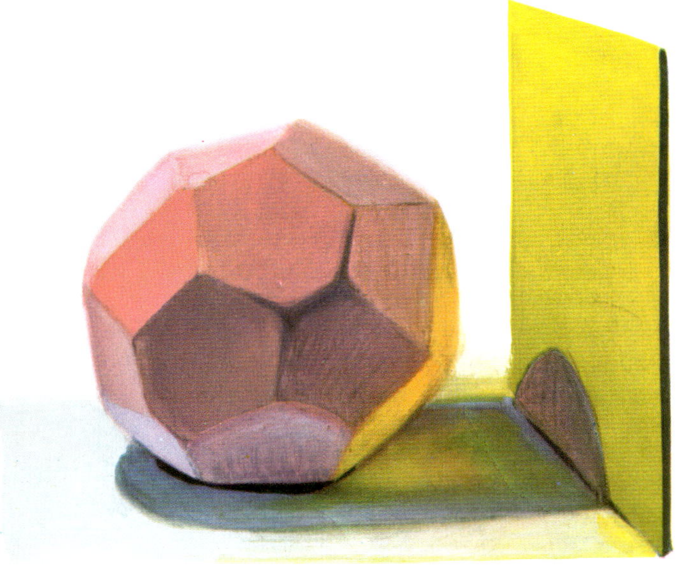

13

Falls Sie die Möglichkeit dazu haben, gehen Sie eines Tages einmal in den Louvre in Paris oder eine andere große Gemäldesammlung, und betrachten Sie die Fleischfarben der großen Meister wie Velasquez, Rubens und Goya. Wenn Sie dann nicht sogleich die außerordentliche Vibration der Farben erkennen, die durch die Nebeneinanderstellung unzähliger Töne in den hellen, vor allem aber in den schattigen Partien entsteht, müssen Sie farbenblind sein. Dieses Gebrechen hindert den Menschen, die Ableitungen der roten und grünen Farben, die in den Fleischfarben von Velasquez, Rubens und Goya dominieren, zu unterscheiden.

Wie wir gesehen haben, bestimmen die Lokalfarbe, die tonale Farbe und die reflektierte Farbe also die Gesamtfarbe eines Körpers. Jetzt wollen wir uns mit den drei Beleuchtungsfaktoren befassen, die ihrerseits die drei vorgenannten Farben beeinflussen.

D) DIE EIGENFARBE DES LICHTES

An ein und demselben Ort kann das Licht am frühen Morgen durchsichtig weißblau sein, mittags einen Gelbstich besitzen, bei bewölktem Himmel Grautöne haben und in der Abenddämmerung, wenn die Sonne untergeht, den Himmel und alle Körper regelrecht orange färben. Künstliches Licht ist normalerweise gelb; fluoreszierendes Licht kann rosa oder bläulich sein. In den nordischen Ländern ist das Licht "kalt" und hat einen Blaustich, im Süden ist es "warm" und geht ins Gelbstichige. Dieser Unterschied macht sich selbst beim Malen im Freien in verschiedenen Städten ein und desselben Landes bemerkbar. Man sagt manchmal, daß Rosa in den Himmeln des Südens überwiegt; das Licht in den Häfen ist blauer als das der Großstädte; am grauesten ist es in den Industrieregionen.

Natürlich verändert die unterschiedliche Farbe des Lichtes mehr oder weniger die Farbe der Körper. Sie beeinflußt vor allem die reflektierte Farbe und tönt die Dinge, die wir vor Augen haben, auf eine ganz spezielle Weise.

Ich besitze zwei Gemälde, die dafür ein hervorragendes Beispiel sind. Das eine habe ich an einem Sommerabend auf der Mole von Cannes gemalt. Ich erinnere mich, daß ich genau in dem Augenblick zu arbeiten begann, als sich die Sonne hinter den Bergen versteckte und das gelbe und orangenfarbene Licht vom Himmel reflektiert wurde und das Wasser im Hafen regelrecht vergoldete. In diesem Bild ist der Einfluß der reflektierten Gelb-, Ocker-, Orange- und Goldtöne überall zu spüren. Die roten Farben sind fahl; die blauen Töne sind olivstichig, die gelben gehen nach Rotgold.

Etwas später habe ich dagegen ein kleines Bild in der Provence gemalt, als der Himmel so blau war, wie ich es nie wieder erlebt habe: Er war von einem so intensiven Blau, das einen direkt dazu zwang, reines Kobaltblau zu benutzen, wie es aus der Tube kommt. Auf der gesamten Umgebung, den Schiffen, den Hügeln und den Häusern lag eine sehr deutlich sichtbare Patina.

Ich brauche nicht besonders zu erwähnen, daß der gute Maler von Anfang an in der Lage ist, die chromatische Tendenz, die durch die Eigenfarbe des Lichtes entsteht, zu erkennen, und daß er sie benutzt, um seinem Thema – selbst durch Übertreibung – einen künstlerischen Aspekt zu verleihen.

Betrachten Sie zum Abschluß als zeichnerisches Beispiel für die Veränderungen durch die Eigenfarbe des Lichtes den roten kugelförmigen Polyeder auf der vorigen Seite (Abbildung 13). Er wird von einem blauen Licht beschienen, das seine Lokalfarbe, die tonale Farbe und die reflektierte Farbe beeinflußt. Beachten Sie, daß die reflektierte Farbe zu Gelbgrün neigt, da sich das von der gelben Wand reflektierte Licht mit dem blauen Licht mischt und sich grün färbt. Achten Sie ferner auf den Blaustich in der tonalen Farbe der unteren Facetten, auf die das vom Boden reflektierte Licht trifft.

E) DIE STÄRKE DES LICHTES

Das Licht ist natürlich weiß. Im vollen Tageslicht sind alle Körper – vor allem die roten und die gelben – mit Farbe gesättigt und reflektieren ihre Lokalfarbe, die Eigenfarbe, äußerst heftig.

Wird das Licht schwächer, verringert sich logischerweise die Intensität der Farben. Glauben Sie jedoch nicht, daß diese Abschattung der Farben ihre Schwärzung bedeutet! Auch wenn ein völliges Fehlen von Licht notwendigerweise zu Schwarz führen muß, so gilt doch:

Die Verringerung der Lichtstärke führt zu einem bläulichen Licht, das alle Farben beeinflußt.

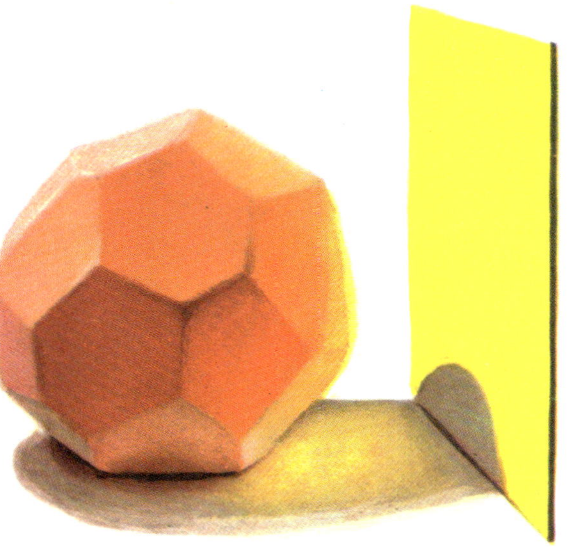

Deutlich zu erkennen ist dies in der Dämmerung, wenn sich die Sonne senkt und das letzte Tageslicht auf die Landschaft fällt.

Dann ist alles blau.

Wenn Sie diesen Gedanken weiterführen, beginnen Sie zu verstehen, weshalb Blau als Farbe in allen Eigen- oder Wurfschatten dominiert. Wissen Sie, weshalb das so ist? Der Schatten bedeutet Dunkelheit, das heißt "eine Verringerung der Lichtstärke". Hier finden wir also etwas von dieser bläulichen Dämmerung, von der schon die Rede war.

Eine mehr oder weniger große Stärke des Lichtes beeinflußt die Farbe der Körper erheblich. Befindet sich unser roter Polyeder in sehr starkem Licht (Abbildung 14), zeigt er sich an seinen hellsten Stellen gelbstichig. Seine Eigenfarbe verwandelt sich in ein lebhaftes leuchtendes Zinnober, und die tonalen Farben werden nur wenig vom Blau beeinflußt.

Falls jedoch ein weniger intensives Licht auf denselben Polyeder fällt, bekommt er automatisch einen Violettstich; in seinen dunkelsten Tönen an den schattigsten Stellen führt das zu einem sehr dunklen, beinahe schwarzen Braun. Setzen wir den Polyeder dem schwachen Licht der Dämmerung aus, erscheint er uns aufgrund der "Mischung" der roten Eigenfarbe mit dem dunklen Blau des Lichtes beinahe schwarz.

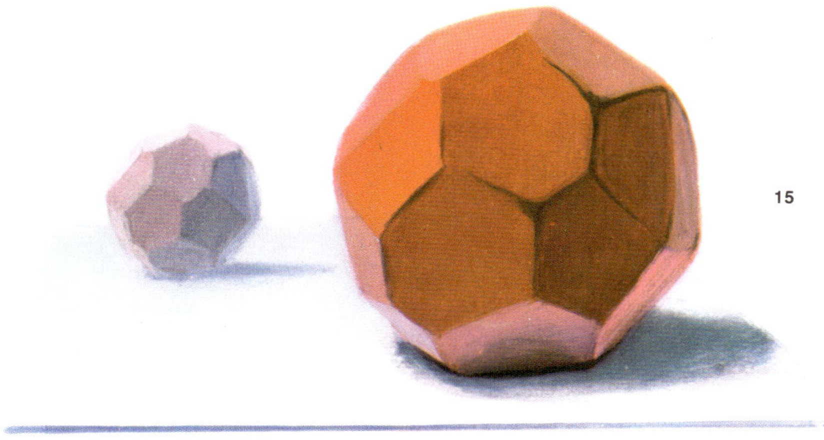

15

F) DIE DAZWISCHENLIEGENDE ATMOSPHÄRE

Abbildung 15 zeigt ein Beispiel für die Veränderung, die die Atmosphäre bei der Farbe eines bestimmten Körpers bewirken kann. Im Vordergrund sehen wir den intensiv beleuchteten roten kugelförmigen Polyeder. Zwischen seiner Lokalfarbe und den unterschiedlichen tonalen Farben besteht ein lebhafter Kontrast. Im Hintergrund liegt der gleiche, ebenso beleuchtete rote Polyeder, der jedoch aufgrund der dazwischenliegenden Atmosphäre eine völlig veränderte Farbe aufweist.

Erinnern Sie sich an die bläuliche Farbe des Gebirges am Horizont? Ja, natürlich. Und Sie erinnern sich gewiß auch an die klassischen Panoramaaufnahmen großer Städte von oben, deren Häuser und entfernte Gebäude zu einer violettstichigen grauen und blauen Masse verschmelzen. Natürlich ist die Lokalfarbe, die Eigenfarbe der Berge am Horizont ebensowenig blau wie die der entfernten Häuser und Gebäude auf den Panoramaansichten großer Städte.

Das Gebirge ist zweifellos grün oder von einer hellen oder dunkleren Erdfarbe; die Häuser sind vermutlich weiß, die Gebäude gelb. Doch aufgrund der dazwischenliegenden Atmosphäre, der Weite und der Entfernung erscheinen uns diese Farben ebenso wie alle anderen in der Ferne blau, violettblau, manchmal auch ziemlich braun oder je nach Stärke und Farbe des Lichtes auch graublau. Wir kommen später noch auf die wichtige Rolle der Atmosphäre bei den Farben zurück. Im Augenblick wollen wir die präzisen, leicht in die Praxis umzusetzenden Regeln betrachten, nach denen die Atmosphäre folgende Faktoren bestimmt:

1. **Deutlicher Unterschied zwischen dem Vordergrund und den dahinterliegenden Ebenen.**
2. **Entfärbung und Graustich (Blaustich beim Malen), je weiter ein Gegenstand zurückliegt.**
3. **Deutlich klarer Vordergrund im Verhältnis zu den dahinterliegenden Ebenen.**

Damit beenden wir das wichtige Studium der wesentlichen Faktoren, die die Farbe eines Körpers bestimmen. Eine Unbekannte der Frage: "Welche Farbe ist das?" haben wir bereits gelöst. Wir wollen die Untersuchungen jetzt vertiefen, um eine noch genauere Antwort zu erhalten.

DIE DREI GRUNDFARBEN UND WEISS

Wie wir beim Studium der Farbentheorie im Rahmen der Pigmentfarben bereits festgestellt haben, lehrt uns die Physik:

Allein mit den drei Grundfarben Zyanblau, Purpur und Gelb lassen sich alle Naturfarben einschließlich Schwarz mischen.

Theoretisch trifft das auf jeden Fall zu. In der Praxis müssen wir häufig Weiß zu diesen drei Farben hinzufügen. Bei den Wasserfarben ist dieses Weiß durch das Papier vorgegeben (wenn man zum Beispiel ein Aquarell malt); bei den Ölfarben und anderem undurchsichtigen Material benötigen wir tatsächlich eine weiße Farbe. Sowohl bei den Ölfarben als auch bei den Wasserfarben muß man zum Beispiel Purpur mit Weiß aufhellen, um Rosa zu erhalten; für ein helles Grün mischt man Gelb und Blau und fügt bei den Ölfarben ein Tubenweiß hinzu. Die Aquarellfarben werden dagegen mit mehr Wasser verdünnt, damit das Weiß des Papiers stärker durchscheint.

An dieser Stelle sei hinzugefügt, daß es in der Praxis nicht angezeigt ist, sich beim Malen auf die drei Grundfarben zu beschränken und alle weiteren Farben durch Mischen zu erzielen. Im Handel sind ausgezeichnete Zweit- Dritt- und Viertfarben mit einer breiten Gelb-, Grün-, Blau-, und Sienaskala.

Das ändert jedoch nichts an der theoretischen und praktischen Richtigkeit der vorstehenden Regel, der wir uns unterwerfen müssen, um die Farbe unseres jeweiligen Modells zu erkennen und zu finden. Lesen Sie sich die Regel noch einmal durch. Daraus leitet sich eine weitere Regel ab, die Sie stets berücksichtigen sollten, wenn Sie die Farbe eines Körpers sehen und sich fragen: "Welche Farbe ist das?" Hier die Regel:

In allen Farben eines Körpers befindet sich immer ein gewisser Anteil Blau, ein gewisser Anteil Purpur und ein dritter Anteil Gelb.

Selbst wenn ein Körper eine Grundfarbe aufweist und als absoluter Ausnahmefall zum Beispiel ein Rot zeigt, das Sie als Tubenfarbe besitzen, enthalten die Schattenzonen dieses Körpers, seine tonalen und reflektierten Farben – denken Sie an den roten Polyeder! – weitere Farbtöne, die das Mischen des Rot mit Blau und Gelb erforderlich machen. Von den Körpern, die bereits als solche eine undefinierbare Farbe besitzen – und das ist die gewaltige Mehrheit –, soll hier gar nicht erst die Rede sein. Heben Sie die Augen, blicken Sie um sich: Entdecken Sie eine einzige klar definierte Farbe? Ein Blau, ein Rot, ein Gelb, ein Grün, das Sie direkt als Tubenfarbe wiedergeben könnten? Nein, nicht wahr? Wenn ich selbst in diesem Augenblick nach vorn blicke, sehe ich auf meinen Arbeitstisch. Das ist ein mahagonifarbener Schreibtisch von ziemlich dunkler Farbe. Die Lokalfarbe hat eine gewisse Ähnlichkeit mit der Skala des Goldockers der Ölfarben. Die könnte ich als Grundlage benutzen, müßte jedoch für die Lokalfarbe der Tischplatte von vornherein etwas Blau und Purpur hinzufügen. Für die Schattenfarben, die tonalen und die reflektierten Farben würde sich damit zwangsläufig eine Mischung aus Zyanblau, Purpur und Gelb ergeben.

Bedenken Sie ferner, daß die Natur im Grunde ein Ganzes aus einer Fülle unbestimmter Farben ist. Praktisch besitzt kein einziger Körper in allen seinen Teilen eine präzise Farbe. Man muß sie jedesmal neu auffinden und selber zusammensetzen. Das ist der beste Beweis für die ungeheure Bedeutung der vorstehenden Regel, die man einfach kennen muß, um die Farbe eines Modells zu bestimmen und herzustellen.

Schließen wir einige praktische Überlegungen an:

Wir beginnen mit der Komposition einer so unbestimmbaren Farbe wie dem Khaki, das sich sowohl beim Militär als zeitweise auch in der Mode findet. Dazu mischen wir in einem bestimmten Verhältnis die drei Grundfarben und Weiß.

Ich stelle diese Mischungen aus Ölfarben auf einer weißen Leinwand her. In Abbildung 16 (gegenüberliegende Seite) sehen Sie die drei Grundfarben. Ich habe versucht, jene Tubenfarben herauszufinden, die ihnen so nahe wie möglich kommen, und mich zu folgenden Farben entschlossen:

Für Zyanblau .... *Preußischblau,*
für Purpur .... *Krappkarmin,*
für Gelb .... *Kadmiumgelb hell.*

Analysieren wir die Khakifarbe:

Erinnern Sie sich? Khaki ist weder blau noch gelb, noch richtig grün, auch wenn das Grün entschieden überwiegt. Man kann gewiß sagen, daß Grün die Dominante von Khaki ist. Also:

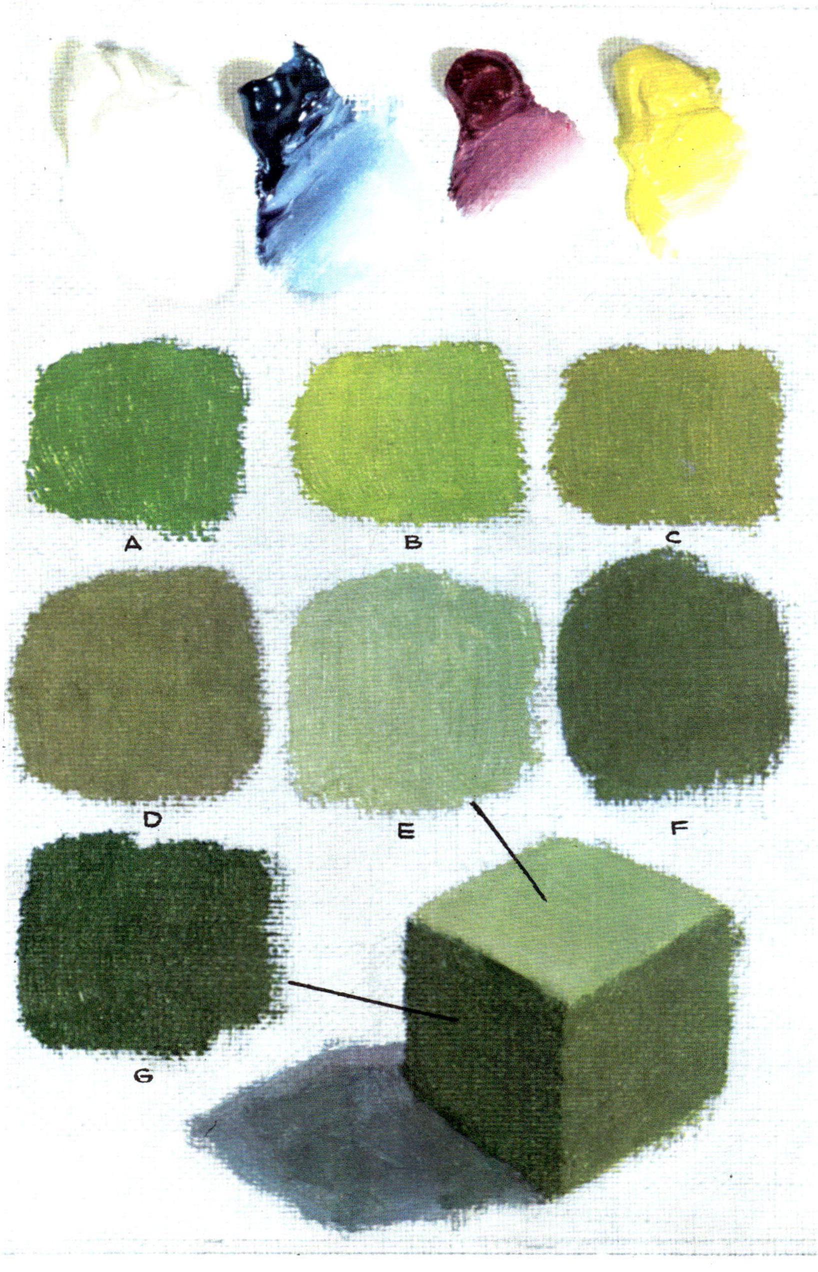

Abbildung 16: Nur mit den drei Grundfarben und Weiß läßt sich eine unendliche Farbskala mischen. Hier sehen Sie die Khaki–, also die Grünskala, mit der sich Uniformen, Bäume und Büsche ausgezeichnet darstellen lassen.

Durch Mischen von Blau und Gelb erhält man ein im Prinzip neutrales, leuchtendes Grün (Abbildung 16A). Doch in diesem Grün befindet sich zuviel Blau. Wenn Sie sich die Farbe vorstellen, wissen Sie, daß man von einem gelblichen Grün ausgehen muß. Geben wir also etwas mehr Gelb hinzu. Jetzt ist das Grün richtig (A).

Es genügt, sehr wenig Purpur hinzuzufügen, und wir erhalten die Khakifarbe (C).

Nicht alle Militäruniformen besitzen dasselbe Khaki. Die neueren Uniformen sind dunkler, die gebrauchten, etwas verblicheneren besitzen ein helleres Khaki.

Fügen wir zu unserem Khaki etwas Blau und Weiß hinzu, bekommen wir ein ziemlich graustichiges, nicht so grelles Khaki (D). Gibt man zur Farbe C eine Spur Gelb und Weiß, erhält man ein blasses Khaki (E). Beginnt man noch einmal mit A und fügt eine Spur Weiß und Karmin hinzu, ergibt es eine weitere Farbe (F). Kommen zu dieser Blau, Purpur und Weiß, erhalten wir ein Khaki, mit dem wir die dunklen Stellen der Militäruniform malen können.

Beim Verfolgen des in Abbildung 16 beschriebenen Verfahrens haben Sie erkannt, daß man je nach der Menge des Weiß eine sehr breite, praktisch unendliche Skala von Khakifarben erhalten kann.

Zum Beweis betrachten Sie bitte den Würfel (Abbildung 16, unten, auf der vorigen Seite), der aus den Farben E, F und G aufgebaut wurde. Sie stellen die Lokalfarbe und die tonalen Farben dar, also die Eigenfarbe und die Farben, die sich aus dem Spiel von Licht und Schatten ergeben.

Stellen Sie sich jetzt vor, wir müßten - ausgehend von diesen Mischungen für die Khakifarben - eine bestimmte Grünskala komponieren, zum Beispiel eine Reihe von Grüntönen, um Bäume, eine Wiese und Büsche zu malen. Das bereitet keinerlei Schwierigkeiten. Wir arbeiten mit denselben Grundfarben und Weiß und verstärken je nach Bedarf das Blau oder das Gelb. Außerdem haben wir die Möglichkeit, Weiß hinzuzugeben und das Grün mit Hilfe von Purpur zu modifizieren. Dadurch erhalten wir eine unendliche Reihe von Grüntönen: helle leuchtende Grün, gelbliche, bläuliche, dunkle, falbe und rötliche Töne. Abbildung 16 dient auch hier als Beispiel.

Aber fahren wir mit der Praxis fort. Versuchen wir jetzt, die *Fleischfarben* zu mischen. Das sind weitere, wenig präzise Töne, die weder richtig rosa noch gelb, noch orange sind. Sehen wir einmal, was wir mit Hilfe der Grundfarben, und zwar ausschließlich der Grundfarben, und Weiß erhalten.

Aus etwas Gelb und noch mehr Weiß und sehr wenig Purpur (in diesem Fall ist kein Blau nötig) ergibt sich bereits eine Fleischfarbe (A).

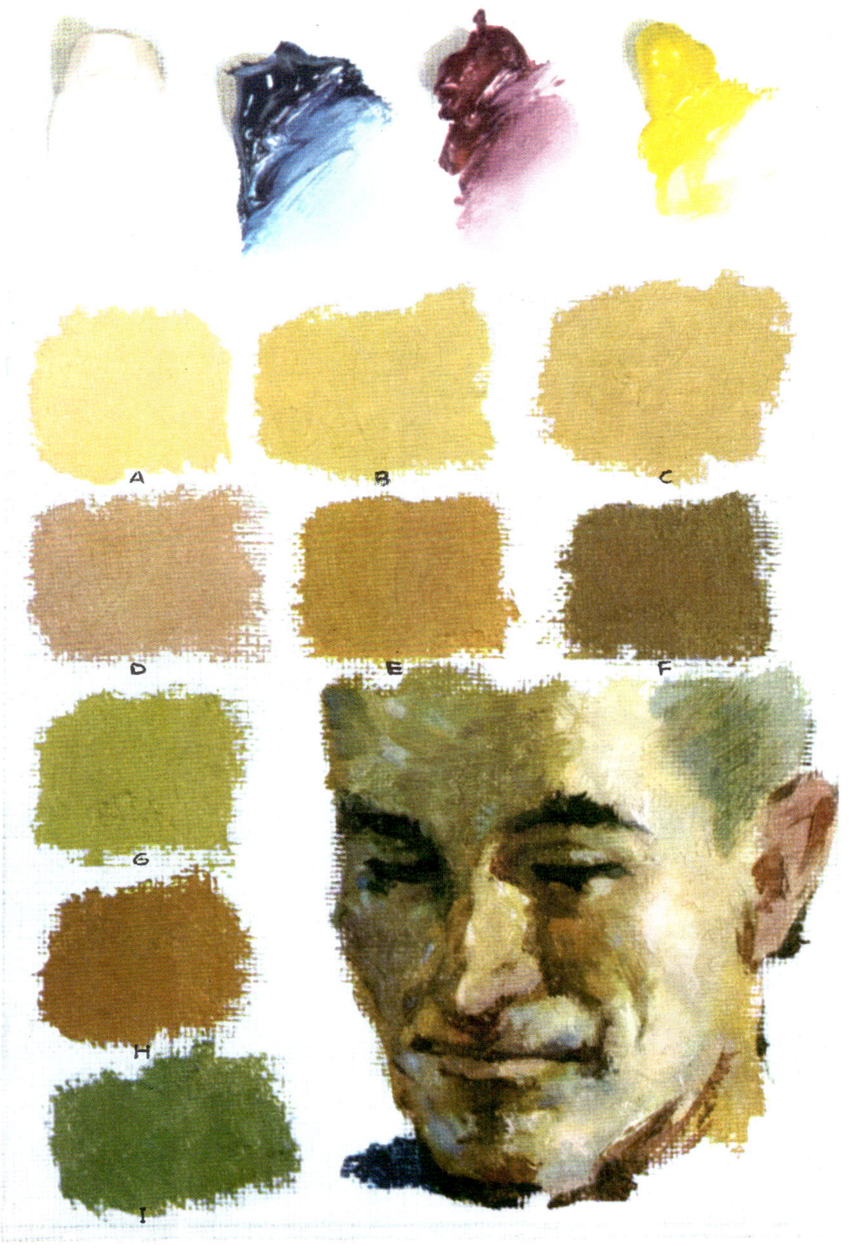

Abbildung 17: Alle Töne der Fleischfarben, alle notwendigen Farben zum Malen eines Kopfes, ja praktisch *alle Naturfarben* bestehen aus einer Mischung der Grundfarben Zyanblau, Purpur und Gelb (mit Weiß) und lassen sich auch so herstellen.

Es handelt sich um eine sehr helle, etwas grelle Farbe, die sich nur für sehr stark beleuchtete Stellen und vielleicht für die brillantesten Flächen des Modells eignet. Versuchen wir, diese Farbe abzustumpfen, und geben wir ganz wenig Blau hinzu. Das Ergebnis entspricht schon einer lokalen Fleischfarbe (B). Durch Hinzufügen einer Spur Purpur erhalten wir eine Variante, die Sie im Muster C sehen. Gibt man zusätzlich Gelb und noch etwas mehr Purpur hinzu, erzielen wir die bronzefarbene Fleischfarbe D.

Halten wir hier einen Augenblick inne. Wie Sie selbst sehen, ist "Fleischfarbe" - wie im Grunde alle Farben - ein sehr relativer Begriff. Man kann wirklich nicht von einer einzigen spezifischen Fleischfarbe sprechen. Es gibt zahlreiche Varianten: die helle und die dunkle Fleischfarbe, eine rosa, eine olivstichige, eine grünliche und selbst eine blaustichige, je nach den lokalen, tonalen und reflektierten Farben. Die Skizze des Kopfes, die ich mit Ölfarben gemalt habe (Abbildung 17), dient nur der Anschauung. Es ist schwierig, die genaue Anzahl der Farben und Töne vom dunklen Siena über Rosa, Ocker, Hell- und Dunkelgrün und Schwarz bis zu Hellblau zu ermitteln, die das Gesicht tönen und ihm Form geben. Diese große Vielfalt wurde aus einer Mischung der drei Grundfarben und Weiß erzielt.

Und diese drei Farben können auch Grau ergeben? Sehr leicht, viel zu leicht! Es genügt, sie in einem bestimmten Verhältnis zu mischen (etwa 50 Prozent Blau, 30 Prozent Rot und 20 Prozent Gelb). Das ergibt zunächst Schwarz. Fügt man die entsprechende Menge Weiß hinzu, erhält man das gewünschte Grau (Abbildung 18 A). Verändert man das Verhältnis der Grundfarben, erzielt man die unterschiedlichen Grauskalen: das "kalte" Grau mit einem Blau- (B) und Grünstich (C) und das "warme" Grau mit einem Gelb- (D) und Rotstich (E).

Die ersten Versuche eines völlig unerfahrenen Hobbymalers führen fast immer zu ziemlich stumpfen, farblosen, langweiligen Bildern. Der Grund dafür ist, daß der Hobbymaler - vermutlich, ohne es auch nur zu ahnen - genau das tut, was ich im vorigen Absatz beschrieben habe: Er mischt die Grundfarben in dem angegebenen oder einem ziemlich ähnlichen Verhältnis.

"Nein, entschuldigen Sie", höre ich diesen Hobbymaler sagen. "Ich male mit sehr viel mehr Farben als nur diesen drei mit Weiß. Meine Mischungen beschränken sich nicht auf Blau, Rot und Gelb. Sehen Sie sich meine Palette an: ich arbeite mit drei Gelb, zwei Siena, zwei Rot, einem Karmin, drei Grün, drei Blau..."

"... die letzten Endes alle von den drei Grundfarben abgeleitet sind", könnte man diesem Hobbymaler antworten. Es läuft im Grunde auf dasselbe hinaus, ob man die Grundfarben in dem angegebenen Verhältnis mischt oder die Verbindungen aus den Zweit - oder Drittfarben herstellt. Sie erhal-

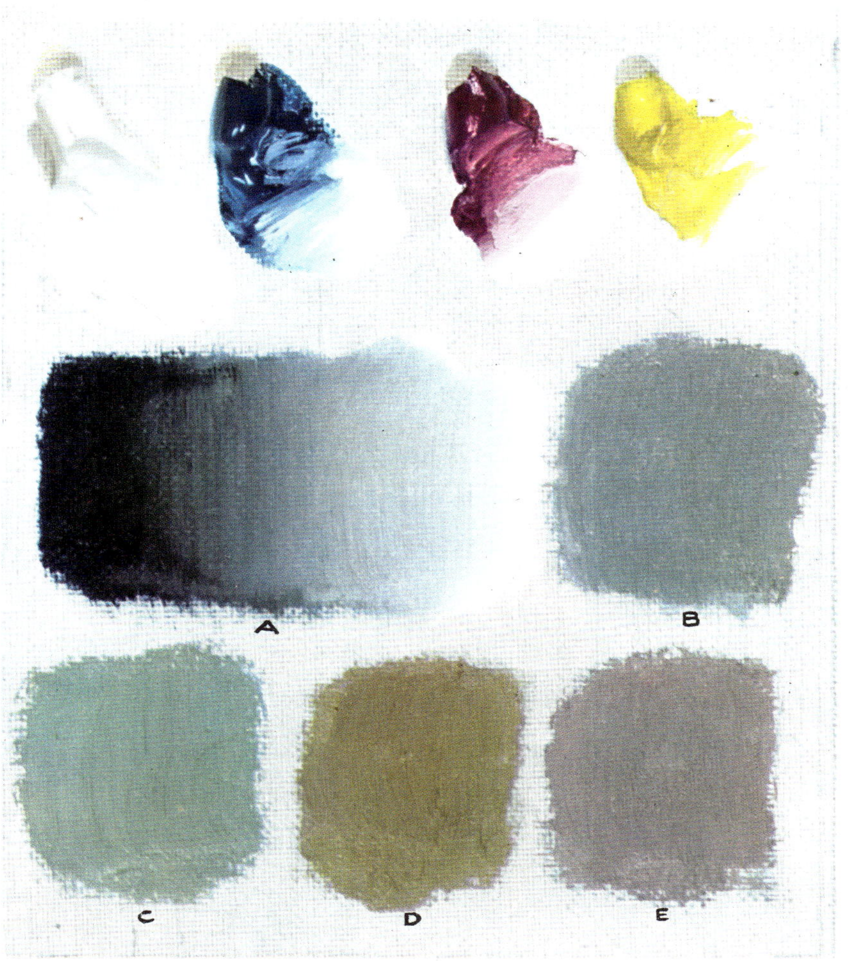

Aus einer Mischung der drei Grundfarben in einem bestimmten Verhältnis erhalten wir Schwarz. Fügen wir die entsprechende Menge Weiß hinzu, ergibt sich das gewünschte Grau. Durch Variieren des Blau-, Purpur- und Gelbanteils bekommt man die verschiedenen Grauskalen: das kalte Grau mit einem Blau-, Grün- oder Violettstich oder das warme Grau mit einem Gelb-, Rot- oder Orangestich.

ten dasselbe Grau aus einer Mischung von Zyanblau, Purpur und Gelb wie aus einer Verbindung der Sekundärfarben Rot, Grün und Dunkelblau beziehungsweise der Drittfarben Hellgrün, Smaragdgrün, Ultramarin und Violett, Karmin und Orange.

"Können Sie mir dann sagen, weshalb man all die verschiedenen Blau-, Grün- und Gelbtöne benötigt, wenn man sie ebenfalls aus den drei Grundfarben erzielen kann? Wenn man mit einer reichbesetzten Palette trotzdem in die "Graufalle" gerät? Würden Sie mir bitte erklären, weshalb sich nicht alle Künstler auf die Farbskalen beschränken, die sie mit den bewußten drei Grundfarben erhalten?"

Die Beantwortung dieser Fragen ist so wichtig, daß wir ihr das gesamte folgende Kapitel widmen. Dann werden Sie begreifen, weshalb die Künstler in der Regel alle Farben verwenden. Gleichzeitig wollen wir versuchen, die endgültige Antwort auf die Frage zu erhalten: "Welche Farbe ist das?" Außerdem möchten wir die Gründe herausfinden, weshalb es dem Hobbymaler nicht gelingt, Bilder mit lebhaften, leuchtenden, realistischen Farben zu malen. Im allgemeinen benutzt der Hobbymaler zuviel Weiß und kümmert sich weder um die Komplementärfarben noch um die Kontraste, die sich damit erzielen lassen.

Zweites Kapitel
Farben und Kontraste
Hervorhebung und Induktion der Farben
Praktische Anwendung: dasselbe Motiv auf unterschiedlichem Hintergrund
Gebrauch und Mißbrauch von Weiß und Schwarz

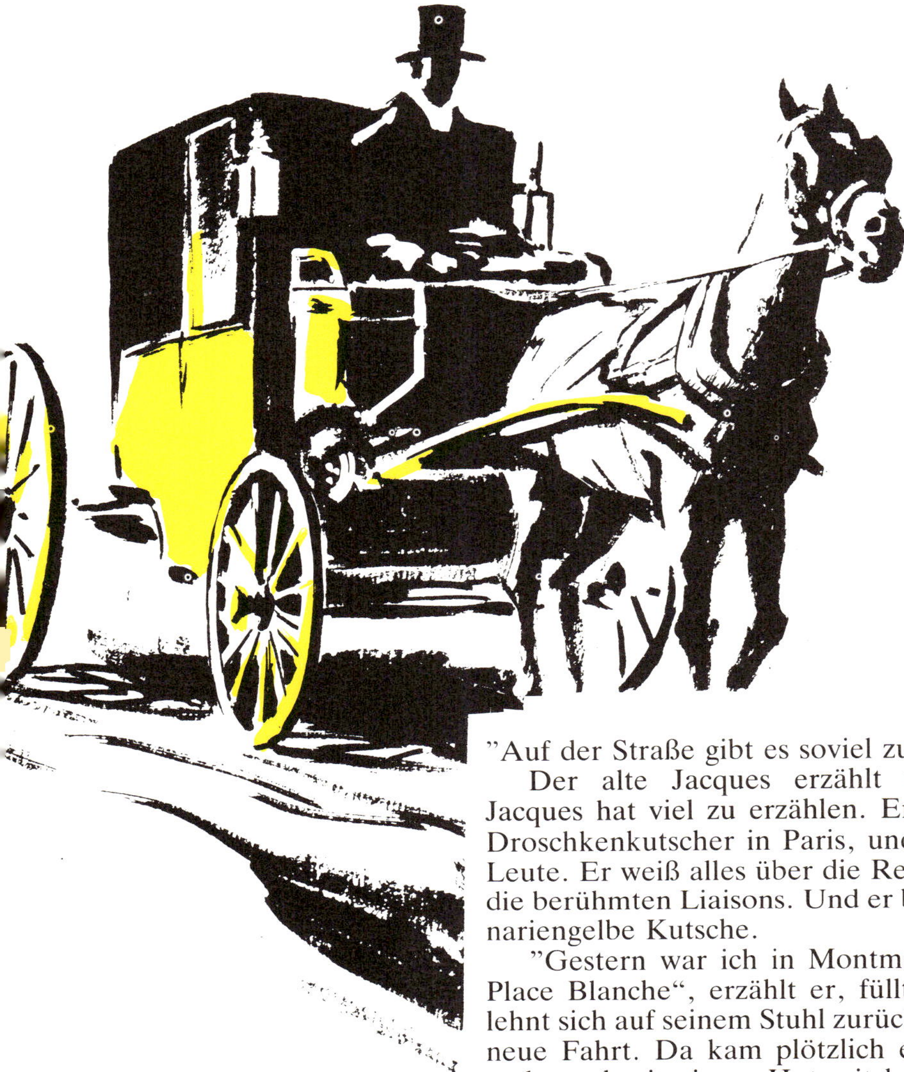

"Auf der Straße gibt es soviel zu sehen!"

Der alte Jacques erzählt uns eine Geschichte. Jacques hat viel zu erzählen. Er ist um das Jahr 1820 Droschkenkutscher in Paris, und er kennt eine Menge Leute. Er weiß alles über die Reichen, den Klatsch und die berühmten Liaisons. Und er besitzt eine hübsche kanariengelbe Kutsche.

"Gestern war ich in Montmartre, in der Nähe der Place Blanche", erzählt er, füllt sein Glas erneut und lehnt sich auf seinem Stuhl zurück. "Ich wartete auf eine neue Fahrt. Da kam plötzlich ein Mann in Hemdsärmeln und mit einem Hut mit breitem Rand und einer Künstlerschleife um den Hals aus einem Tor gelaufen. 'Schnell zum Louvre!' rief er mir zu. Ich hatte noch nicht einmal die Zügel ergriffen, da hörte ich ihn schreien: 'Warten Sie!' Er sprang aus der Kutsche und suchte herum, als hätte er etwas verloren. Aber das war nicht der Fall. Er ging wieder zu seinem Haus, drehte sich um und betrachtete von dort meine Kutsche, als sei sie etwas ganz Außergewöhnliches. Er trat drei Schritte vor, drei Schritte zurück und blieb schließlich stehen. Er ließ mich und die Kutsche nicht aus den Augen... Dann kam er in Windeseile zurückgelaufen, erklärte, er wolle nicht mehr zum Louvre, drückte mir einen halben Franc in die Hand und ging ins Haus zurück."

"Bist du ihm nachgelaufen?" fragt jemand in der Runde.

"Du hast gut reden! Er hat mir gar nicht die Zeit dazu gelassen. Flink wie ein Wiesel war er. Bevor er das

Haus betrat, hat er sich noch einmal zu mir umgedreht und irgend etwas gesagt, was ich nicht verstanden habe. Dann ist er wie ein Wahnsinniger die Treppe hinaufgerannt.“

”Das war bestimmt ein Maler!“ ruft jemand anders.

”Das war wirklich einer.“ Jacques lacht laut auf und dreht den Zeigefinger an der Stirn.

Aber der große Delacroix, denn um ihn handelte es sich, war durchaus nicht verrückt. Charles Blanc, ein Zeitgenosse von ihm, erzählt diese Anekdote ganz anders. In seiner ”Grammatik der Kunst des Zeichnens“ sagt Blanc, daß Delacroix eben dabei war, einen gelben Faltenwurf zu malen. Er hatte schon eine ganze Weile nach einem intensiven, leuchtenden Gelb gesucht, machte immer neue Versuche, aber es gelang ihm nicht, diese Kontraste zu erreichen, an die er sich in den Gelbtönen von Rubens oder Veronese erinnerte. Verzweifelt beschloß er endlich, in den Louvre zu fahren, um zu schauen, was seine Vorgänger gemalt hatten. Er hatte es eilig und empfand das zwingende Bedürfnis, das Problem auf der Stelle zu lösen. Er lief auf die Straße, hinein in die strahlende Sonne, und sah gegenüber dem Haus den leuchtenden Fleck einer gelben Kutsche. Er stieg ein und hatte kaum ein Wort gesprochen, da kam ihm das phantastische Gelb wieder in den Sinn. ”Das ist es“, sagte er sich. Er stieg wieder aus, blickte um sich und begriff. Ja, das war es; denn der Schatten, den die Kutsche auf den Boden warf, hatte eine violette Farbe. ”Chevreuls Gesetz von den Komplementärfarben“, dachte Delacroix.

Auch Sie werden eines Tages vor denselben Schwierigkeiten wie Delacroix stehen, wenn Sie die Farben so kontrastreich und leuchtend wie möglich hervorheben möchten. Auch Sie werden um den größtmöglichen Reichtum in der Farbgebung Ihres Bildes ringen. Immer noch auf der Suche nach der Antwort auf die Frage: "Welche Farbe ist das?", möchten wir Sie jetzt mit einer Reihe von Regeln und Fakten über die Farbe und die Kontraste bekanntmachen, die Ihnen eine große Hilfe sein werden. Dies ist ein weiterer Schritt weg von der Graufalle.

FARBEN UND KONTRASTE

Im Vergleich zu den Farben und dem Licht der Natur sind unsere Malfarben ausgesprochen dürftig. Um sich das klarzumachen, genügt das nachstehende Experiment.

Nehmen wir einmal an, Sie bohrten ein Loch in die Wand eines völlig lichtlosen Raumes oder Körpers. Das Schwarz dieses Loches wäre realistisch, es wäre das von den Spektralfarben erzeugte Schwarz, also das genaue Gegenteil von Licht, die völlige Abwesenheit von Licht und damit von Farbe.

Stellen Sie sich jetzt vor, Sie malten mit schwarzer Farbe eine Fläche genau von der Form des Loches neben das schwarze Loch. Um dieses Schwarz sehen zu können, muß man es natürlich beleuchten. Vergleicht man es nun mit dem wirklichen Schwarz der Dunkelheit, wird aus dem gemalten Schwarz ein dunkles Grau (Abbildung 1 dieses zweiten Kapitels).

Um die genauen Kontraste zwischen den Naturfarben wiederzugeben, müssen wir eine ganze Reihe von Regeln anwenden, die sich auf die Gesetzmäßigkeiten der Kontraste zwischen den Tonwerten und den Farben gründen.

TONWERTKONTRASTE UND FARBKONSTRASTE

Beginnen wir unsere Untersuchung mit einer Unterscheidung der Tonwerte und der Farben.

Wir müssen in der Tat einen Unterschied machen zwischen dem Kontrast, den uns der Tonwert liefert, und dem Kontrast, der sich aus der Farbe ergibt, wobei uns der zweite Fall ganz besonders interessiert.

Bei dem Kontrast der Tonwerte spielt die Farbe keine Rolle. Ein

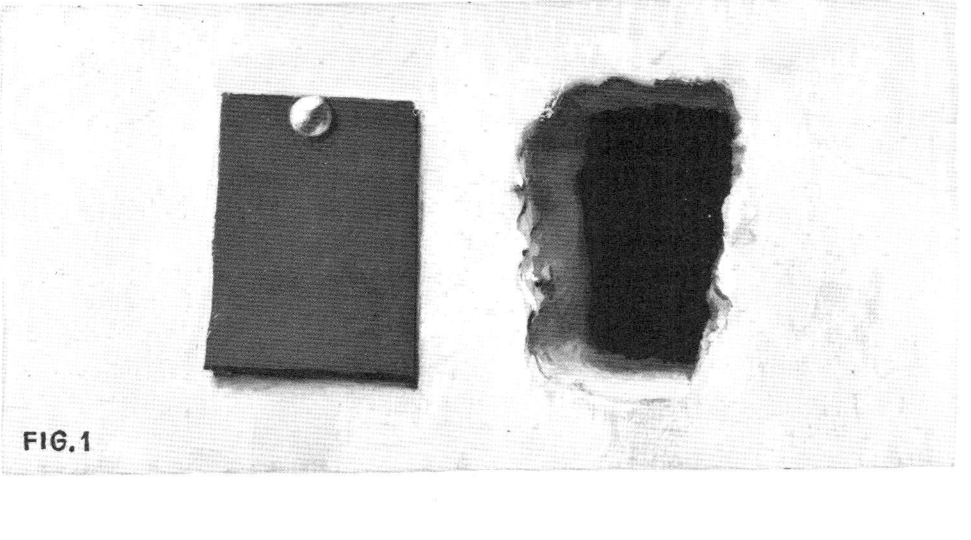

FIG. 1

Schwarz neben einem Weiß, ein Dunkelgrau und ein Hellgrau oder die Nebeneinanderstellung von Schwarz, Grau und Weiß führen zu Tonwertkontrasten. Auch ein Dunkelblau und ein Hellblau kontrastieren in den Werten, da eines der beiden *innerhalb derselben Farbe weniger* intensiv ist als das andere. Dasselbe läßt sich von einem dunklen und einem hellen Gelb, von Rot und Rosa etc. sagen.

Malen wir jetzt neben das dunkle Blau ein Rot gleicher Intensität, erzielen wir einen Farbkontrast, der sich ausschließlich auf den Unterschied zwischen den beiden Farben gründet. Ist das Blau jedoch dunkel und das Rot hell, erhalten wir einen doppelten Kontrast aus der Farbe und dem Tonwert (Abbildung 2).

ABBILDUNG 2. Tonwertkontrast: Die Nebeneinanderstellung von Schwarz und Grau führt zu einem *Tonwertkontrast.* Zwei Grautöne unterschiedlicher Intensität liefern ebenfalls einen Tonwertkontrast.

TONWERTKONTRAST: Auch durch die Nebeneinanderstellung von Dunkel- und Hellblau erhält man einen *Tonwert*kontrast, denn beide Töne gehören derselben Farbe an und unterscheiden sich nur in ihrem Wert (ein dunkelblauer Farb*ton* und ein hellblauer Farbton).

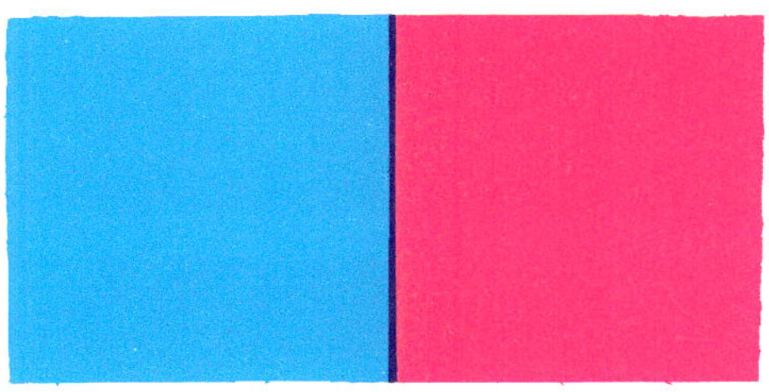

FARBKONTRAST: Zwei unterschiedliche Farben gleicher Intensität wie zum Beispiel Blau und Purpur führen zu einem *Farb*kontrast.

FARB- UND TONWERTKONTRAST: Stellt man schließlich ein *dunkles* Blau neben ein *helles* Purpur, erhält man einen Kontrast, der sich sowohl aus dem *Tonwert* als auch aus der *Farbe* ergibt.

FARBKONTRASTE AUFGRUND VON TONWERTKONTRASTEN

In der Malerei gibt es ein sehr einfaches Gesetz, das Gesetz der Simultankontraste, das sich wie folgt zusammenfassen läßt: "Malt man eine graue Form auf Schwarz und anschließend genau dieselbe Form mit derselben Intensität auf einen weißen Grund, erscheint das zweite Grau dunkler als das erste." (Abbildung 3) Diese Regel gilt ebenfalls, wenn man mit Farben arbeitet. Malt man zum Beispiel ein purpurnes Viereck einmal auf einen Untergrund von heller Farbe und ein weiteres Mal auf einer dunklen Farbe, liefert uns das *Gesetz der Simultankontraste* den optischen Eindruck, daß das Purpur auf Weiß dunkler sei als das von Schwarz umgebene Viereck (und umgekehrt - Abbildung 4).

Daraus lassen sich die nachstehenden Schlußfolgerungen ableiten und auf das Studium der Farben anwenden:

1. **Eine blasse Farbe wirkt um so heller, je dunkler die sie umgebende Farbe ist.**
2. **Eine intensive Farbe wirkt um so dunkler, je heller die sie umgebende Farbe ist.**

Diese Erkenntnis wollen wir jetzt auf ein neues Experiment anwenden: Malen wir die Abstufung einer einzelnen Farbe, zum Beispiel ein Blau in Form einzelner Streifen, stellen wir fest, wie sehr schon die Farbe eines einzelnen Streifens die Farben der danebenliegenden Streifen hervorhebt. Betrachten Sie dieses merkwürdige Phänomen auf Abbildung 5 oben.

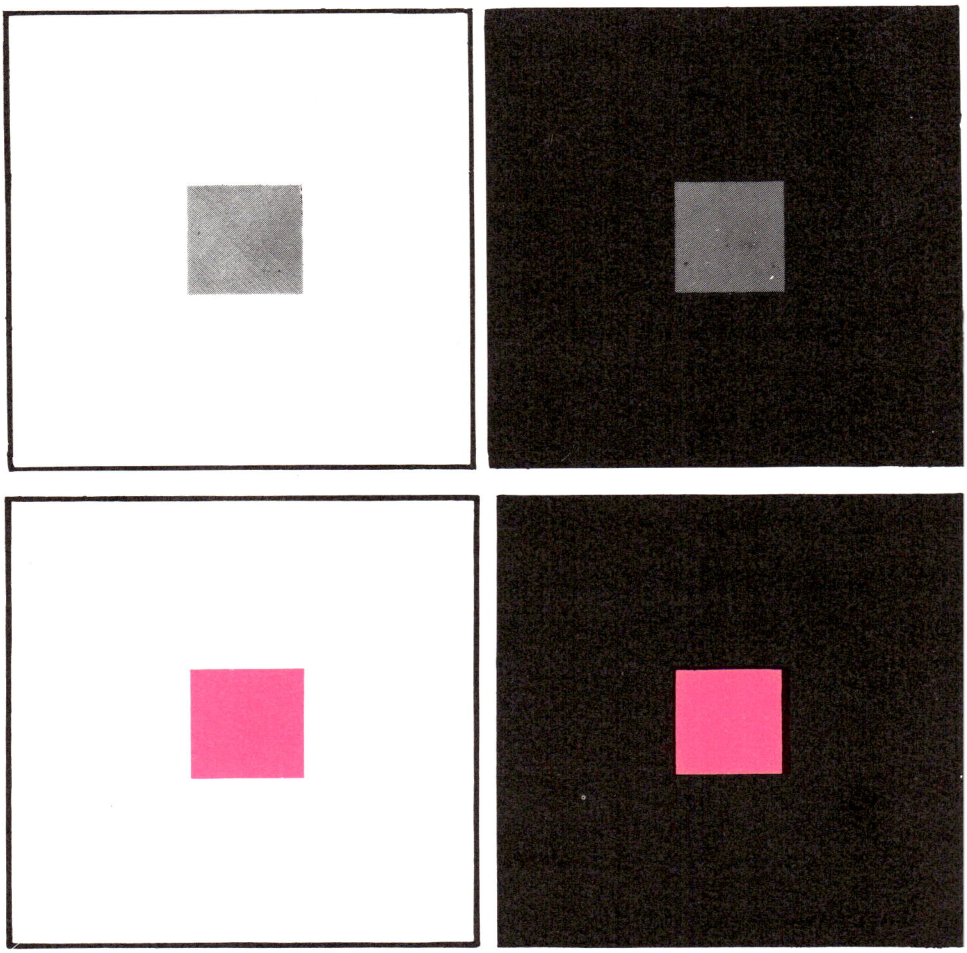

Abbildung 3 und 4: *Das Gesetz der Simultankontraste:* Aufgrund des Gesetzes der Simultankontraste erscheint Grau auf einem weißen Untergrund dunkler, als wenn dasselbe Grau von einer schwarzen Fläche umgeben ist. Dieselbe Gesetzmäßigkeit tritt ein, wenn man mit Farben arbeitet. Auf der obigen Abbildung erkennen Sie, daß Purpur auf Weiß dunkler wirkt als Purpur auf schwarzem Untergrund.

Abbildung 5 A: Der Tonwert dieses blauen Streifens ist stets gleich. Der Streifen ist absolut gleichmäßig. Setzt man diesen gleichförmigen Streifen jedoch zwischen andere Streifen (Abbildung 5 B), weist er plötzlich Varianten auf. An der oberen Begrenzung ist er heller, an der unteren dunkler.

Die Abstufung setzt sich aus sechs Streifen derselben Farbe, aber unterschiedlicher Tonwerte zusammen. Untersuchen Sie jeden Streifen isoliert, stellen Sie fest, daß sie nicht die geringsten Farbunterschiede aufweisen. Die Farbe jedes Streifens ist durchgehend gleichmäßig (Abbildung 5A). Betrachten Sie denselben Streifen jetzt inmitten der anderen, stellen Sie fest, daß er eine Art Abstufung bildet. Am oberen Rand, wo er von einem dunklen Streifen begrenzt wird, wirkt er heller, während er unten, wo er an einen helleren Streifen stößt, dunkler erscheint (Abbildung 5 B).

Abbildung 4 und 5 beweisen also:

Die Nebeneinanderstellung von zwei Farben unterschiedlicher Tonwerte verstärkt diese und hellt die helleren auf und dunkelt die dunkleren ab.

Diese Regel müssen Sie im Kopf behalten. Sie beweist, daß ein *Tonwertkontrast die Farbe verstärkt* und zu einem Farbkontrast führt. Sie zeigt auf, daß eine isoliert betrachtete Farbe ohne Vergleichsmöglichkeit eine andere Nuance aufweist, als wenn sie neben einer anderen Farbe steht. Wir werden die Bedeutung dieser Regel, die sich aus dem Gesetz der Simultankontraste ableitet, noch sehen. Im Augenblick wollen wir uns jedoch auf die Kontraste beschränken, die uns die Farbe liefert.

FARBKONTRASTE AUFGRUND VON FARBEN

Erinnern wir uns zunächst daran, was wir unter einer *Komplementärfarbe* zu verstehen haben.

Wissen Sie noch, welche Farbe auf einer Leinwand auftaucht, wenn man ein blaues, ein rotes und ein gelbes Lichtbündel sich deckend darauf wirft? Bei dem Experiment mit den drei Projektoren am Anfang dieses Buches war davon die Rede: Die Summe der Lichtbündel ergibt Weiß. Das Licht ist durch Addition der drei Spektralfarben wieder zusammengesetzt worden. Sie erinnern sich ebenfalls, welche Farbe auf der Leinwand erscheint, wenn man nur Grün und Rot darauf projeziert und Blau ausblendet? Nicht wahr: es ist Gelb, die Spektralfarbe Gelb. Die Summe der drei Spektralfarben ergibt also Weiß. Blendet man Blau aus, erscheint Gelb. Deshalb läßt sich sagen: Blau ist die Komplementärfarbe von Gelb und umgekehrt, denn das Gelb komplettiert auch das Blau wieder zu weißem Licht.

Aus demselben Grund ist Purpur (die Mischung aus der blauen und der roten Spektralfarbe) die Komplementärfarbe von Grün; und Zyanblau (bestehend aus den Spektralfarben Dunkelblau und Grün) ist die Komplementärfarbe von Rot. Betrachten Sie dazu die Abbildung 6 auf der gegenüberliegenden Seite und den Farbtonkreis in Abbildung 9 im ersten Kapitel. Sehen Sie sich das bereits Gelernte noch einmal an, und festigen Sie Ihre Kenntnisse, bevor Sie mit dem Studium fortfahren.

Der vorige Absatz bezieht sich auf die Komplementärfarben der Spektralfarben, das heißt, auf die Mischungen von Spektralfarben. Befassen wir uns anschließend mit den Pigmentfarben, also den Farben, mit denen wir malen, bleiben *die Theorie und die Farben* die gleichen. Nur handelt es sich jetzt um eine Subtraktion von Farben. Wie wir im ersten Kapitel gesehen und in den vorigen Absätzen wiederholt haben, läßt sich folgendes festhalten:

Die Mischung der beiden Spektralkomplementärfarben ergibt Weiß. Die Mischung der beiden Pigmentkomplementärfarben ergibt dagegen Schwarz: Sie neutralisieren sich.

Mischen Sie Purpur und Grün, erhalten Sie je nach der Farbensorte, die Sie benutzt haben (Öl, Pastell, Wasserfarbe), ein Grauschwarz, immer jedoch eine Neutralisierung. Dasselbe tritt ein bei einer Mischung von Zyanblau und Rot oder Dunkelblau und Gelb (Abbildung 7).

Diese Tatsache ist im Hinblick auf die Untersuchung des folgenden Phänomens von Bedeutung.

DAS PHÄNOMEN DER SUKZESSIVEN BILDER

Unser Sehorgan besitzt einen besonderen Nerv, dessen Aufgabe unter anderem in der Weiterleitung der unterschiedlichen Empfindungen besteht, die vom Licht hervorgerufen werden. Dieser Sehnerv reagiert sehr empfindlich auf Farbvariationen. Während wir die beleuchteten Körper in unserer Umgebung betrachten, muß er die Farben einzeln aufnehmen und an das Gehirn weiterleiten. Er kann sich jedoch ausruhen, wenn wir bei verhältnismäßig heller Beleuchtung auf eine schwarze Fläche blicken.

Wie alle Teile unseres Organismus verträgt auch der Sehnerv keine zu große Überanstrengung. Beansprucht man ihn über Gebühr, weigert er sich, weiterhin Farben zu registrieren, und verlangt nach der einzigen Farbe, bei der er sich entspannen kann: dem Schwarz. Stößt der Sehnerv zum Beispiel auf ein beleuchtetes Weiß, bei dem es kein Entrinnen gibt – eine

ABBILDUNG 6: SPEKTRAL-GRUNDFARBEN

Projeziert man einen roten, einen grünen und einen dunkelblauen Farbstrahl deckungsgleich auf eine Leinwand, setzt man das eigentliche Licht wieder zusammen und erhält Weiß. Blendet man das Blau wieder aus, erscheint die Komplementärfarbe von Blau auf der Leinwand.

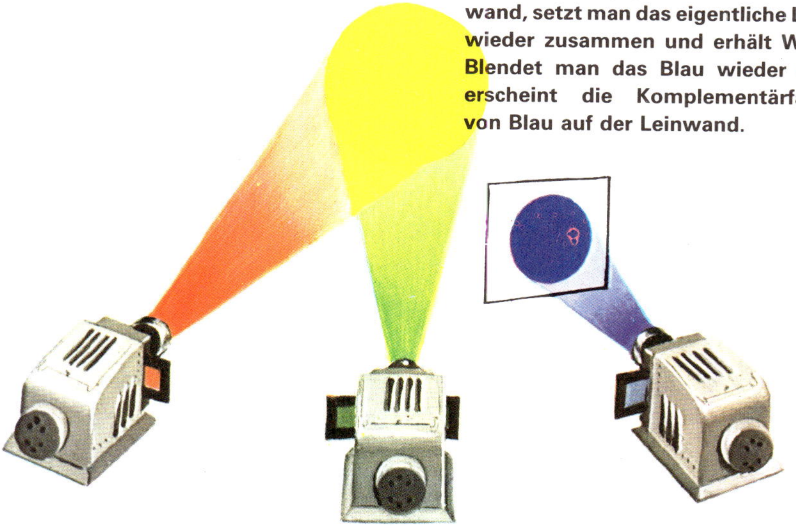

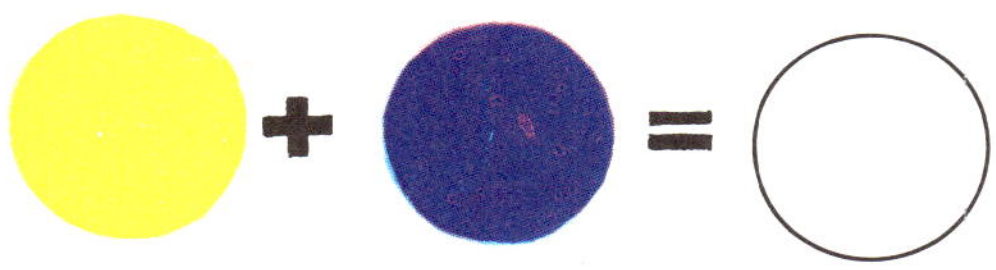

GELB IST DIE KOMPLEMENTÄRFARBE VON DUNKELBLAU.

PURPUR ODER MAGENTAROT IST DIE KOMPLEMENTÄRFARBE VON GRÜN.

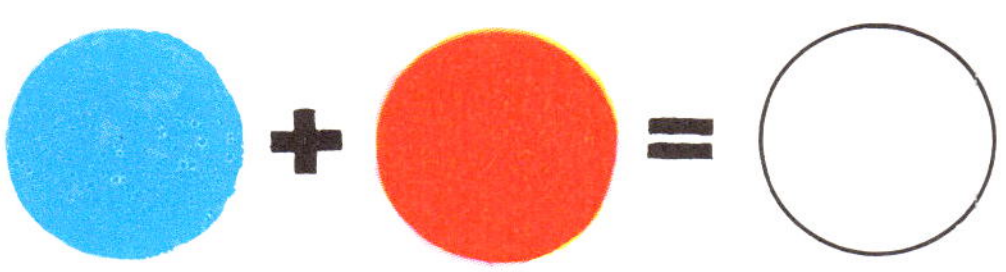

ZYANBLAU IST DIE KOMPLEMENTÄRFARBE VON ROTORANGE (UND UMGEKEHRT).

ABBILDUNG 7: PIGMENTKOMPLEMENTÄRFARBEN

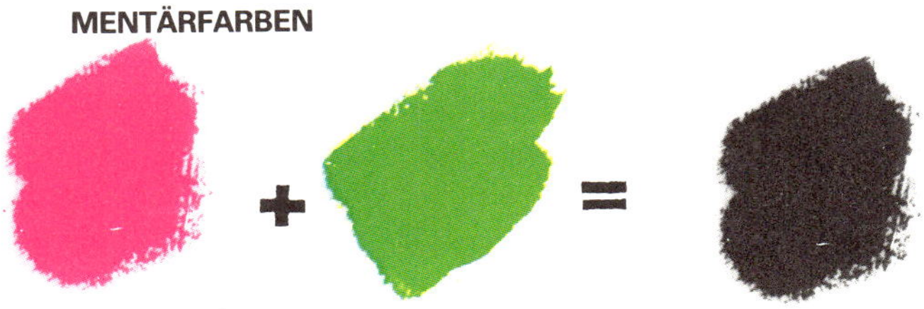

Dies sind dieselben Farben wie bei den Spektralfarben mit dem Unterschied, daß ihre Mischung Schwarz ergibt. Das beweist, daß die Malerfarben die Farbe abziehen.

völlig verschneite Landschaft im prallen Sonnenlicht-, kann er sich bis zur zeitweisen Blindheit dagegen auflehnen. (Wie Ihnen bekannt, tritt bei zu langem Sehen auf eine sonnenbeschienene Schneelandschaft manchmal Schneeblindheit auf.) Ist man gezwungen, einige Zeit direkt in die Sonne zu starren, verlangt der Sehnerv ebenfalls nach einem Anteil von Schwarz. Das geschieht so offensichtlich, daß Sie es selbst feststellen können. Sie haben gewiß schon einigemal direkt in die Sonne gesehen und werden sich erinnern, was geschehen ist, als Sie die Augen wieder abwandten. Während eines gewissen Zeitraums tauchte ein dunkler Kreis vor den Augen auf, eine Art runder schwimmender Fleck von dunkler Farbe, der einen daran hindert, normal zu sehen.

Dieser dunkle, schwimmende Fleck kommt und geht, bis sich der Sehnerv von der Anstrengung erholt hat. Dieses Bild nennt man ein Sukzessivbild.

Untersuchen wir jetzt, welche Beziehung unser Sehnerv zwischen den Sukzessivbildern und den Komplementärfarben herstellt.

Auf der gegenüberliegenden Seite sehen Sie eine umrandete weiße Fläche. Zwischen den beiden Seiten finden Sie einen Streifen Papier, auf dem ein Pfeil mit einer dreieckigen purpurnen Spitze abgebildet ist. Schneiden Sie diesen Pfeil sorgfältig an der punktierten Linie mit einer Schere aus. Setzen Sie sich an eine gute Lichtquelle; je stärker sie ist, desto besser. Legen Sie den Pfeil so in die weiße Fläche, daß das Dreieck in der Mitte liegt. Halten Sie den Pfeil am Ende des Streifens fest, und versuchen Sie, alle Schatten auszuschalten. *Sie müssen ihn sehr schnell wegziehen können* (Abbildung 8, gegenüberliegende Seite).

Schneiden Sie den Pfeil aus, damit Sie das Phänomen der Sukzessivbilder in der Praxis erleben können.

Blicken Sie jetzt etwa zwanzig Sekunden lang fest in die Mitte des roten Dreiecks. Ziehen Sie, ohne den Blick abzuwenden, Pfeil und Dreieck anschließend rasch fort, und behalten Sie die Augen fest auf jene Stelle geheftet, wo sich das Dreieck befand.

In dem Augenblick, wo Sie das purpurfarbene Dreieck abziehen, erkennen Sie auf dem weißen Papier klar und deutlich ein Dreieck von genau derselben Form in der Komplementärfarbe von Purpur, also in einem hellen, leuchtenden Grün.

Ist das nicht seltsam? Während Sie das purpurne Dreieck fest ansahen, hat Ihr Sehnerv die Farbe registriert und festgestellt, daß sie rot ist. Doch die Intensität des Schauens hat den Sehnerv ermüdet. Sobald Sie das Rot abgezogen haben, hat er sich auf Schwarz gestürzt, um sich zu erholen. Schwarz: Sie wissen ja bereits, daß die Komplementärfarbe von Rot oder besser Purpur Grün ist. Und wir wissen ebenfalls, daß eine Mischung der beiden Pigmentkomplementärfarben Schwarz ergibt. Anders ausgedrückt: Der Sehnerv kompensiert seine Anstrengungen mit jener Farbe, die ihm in der Mischung mit der vorherigen die verdiente Erholung schafft, nämlich Schwarz.

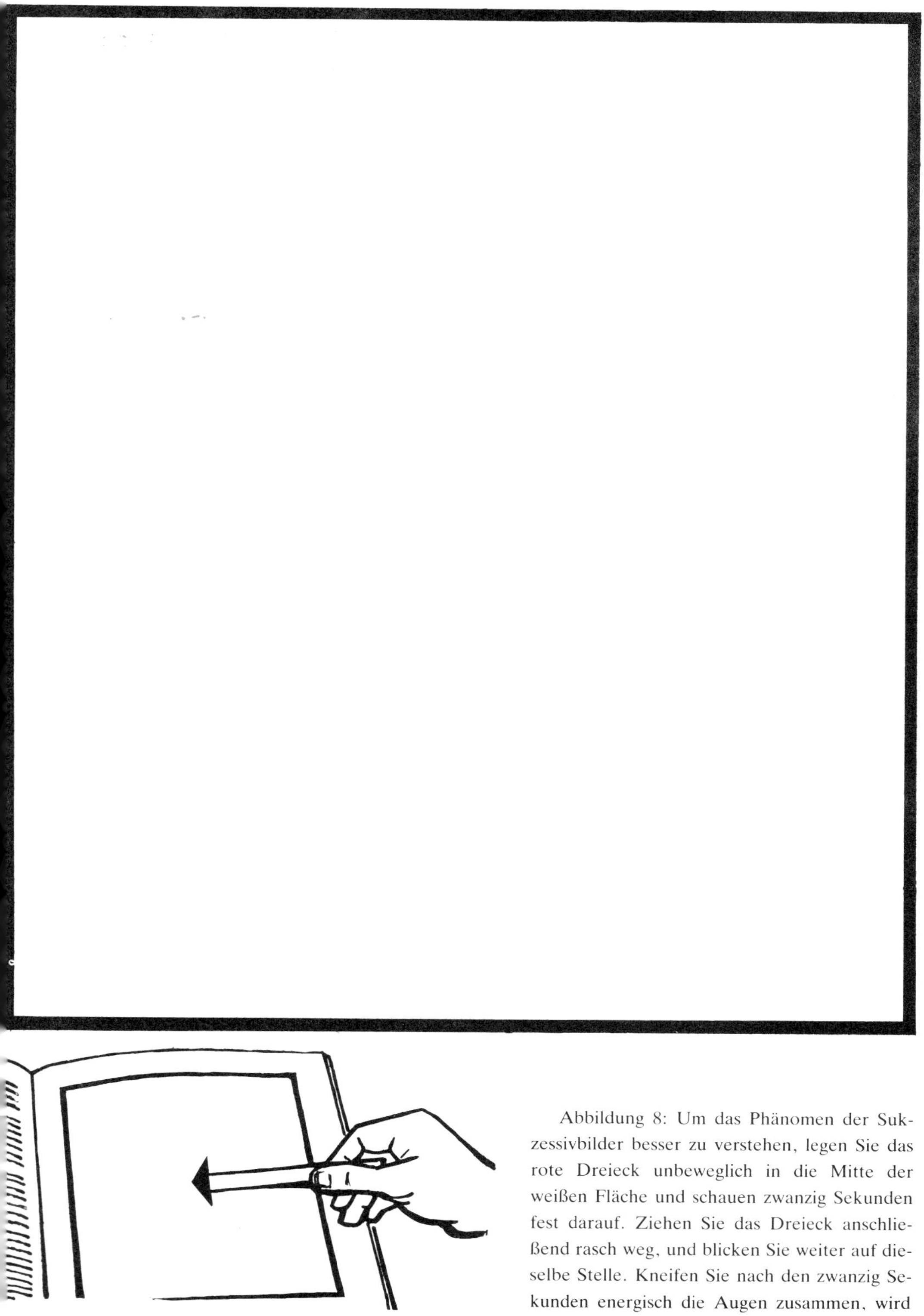

Abbildung 8: Um das Phänomen der Sukzessivbilder besser zu verstehen, legen Sie das rote Dreieck unbeweglich in die Mitte der weißen Fläche und schauen zwanzig Sekunden fest darauf. Ziehen Sie das Dreieck anschließend rasch weg, und blicken Sie weiter auf dieselbe Stelle. Kneifen Sie nach den zwanzig Sekunden energisch die Augen zusammen, wird das Sukzessivbild deutlich sichtbar.

Das Phänomen der Sukzessivbilder tritt ebenfalls auf, wenn man mit anderen Farben experimentiert. Probieren Sie es in der Praxis aus, falls Sie Lust dazu haben, und legen Sie kleine zyanblaue, gelbe, dunkelblaue, rote und grüne Formen auf eine weiße Fläche. Sie werden feststellen, daß das Sukzessivbild jeweils in der entsprechenden Komplementärfarbe auftaucht. Dasselbe Experiment mit einem identischen Ergebnis läßt sich auch auf dunklem Grund durchführen.

POLARE KONTRASTE

Erinnern Sie sich, was wir über die *Tonwert-* und *Farb*kontraste gesagt haben? Es ist bekannt, daß man zur Erreichung des polaren Kontrastes der *Tonwerte* nur Schwarz und Weiß nebeneinanderzustellen braucht. Doch welche Farben muß man verwenden, um einen polaren Kontrast *mit Farben* zu erzielen? Blau und Grün? Rot und Gelb? Dunkelblau und Rot?

Den polaren Farbkontrast erhält man durch Nebeneinanderstellung zweier Komplementärfarben (Abbildung 9)

Die Anzahl der Komplementärfarben ist praktisch unbegrenzt. Sie beschränken sich nicht etwa, wie man glauben könnte, auf eine Kombination von Grund- und Zweitfarben. Um das zu begreifen, stellen Sie sich bitte einen riesengroßen Farbtonkreis aus Grundfarben, Zweit-, Dritt-, Viertfarben etc. vor, die alle in der richtigen Anordnung nebeneinanderliegen, und denken Sie daran, daß jede Farbe aus einer Mischung von Nachbarfarben entsteht. *Jede dieser Farben besitzt in der ihr gegenüberliegenden Farbe ihre entsprechende Komplementärfarbe.*

INDUKTION ODER "SYMPATHIE" DER KOMPLEMENTÄR-FARBEN

Die bisherigen Ausführungen bringen uns zu einer Schlußfolgerung:

Die Steigerung zweier nebeneinanderliegender Farben - in ihren Tonwerten und in ihrer Farbe - einerseits, das Phänomen der Sukzessivbilder andererseits, und der polare Kontrast durch die Komplementärfarben bewirken, daß der Anblick jeder Farbe durch "Sympathie" - Induktion - das Auftauchen ihrer Komplementärfarbe in den Nachbarnuancen hervorruft.

Der berühmte Farbphysiker Chevreul entdeckte und definierte dieses wichtige Phänomen:

Jede Farbe projeziert ihre Komplementärfarbe in die benachbarten Töne.

Diese Feststellung ist so wichtig, daß wir zum besseren Verständnis und Behalten hier zwei praktische Beispiele einfügen wollen. Ich habe unter Bezugnahme auf das Gesetz von Chevreul soeben gesagt, daß eine Farbe - wie zum Beispiel Gelb - in der danebenliegenden Farbe ihre Komplementärfarbe erzeugt, in diesem Fall Dunkelblau. Umgekehrt tönt Dunkelblau die es umgebenden Farben mit seiner Komplementärfarbe Gelb. Führen Sie dieses Experiment selber durch. Sie finden zwischen diesen Seiten eine kleine grüne Karte. Schneiden Sie daraus zwei Dreiecke von der Größe der nebenstehenden Abbildung 10.

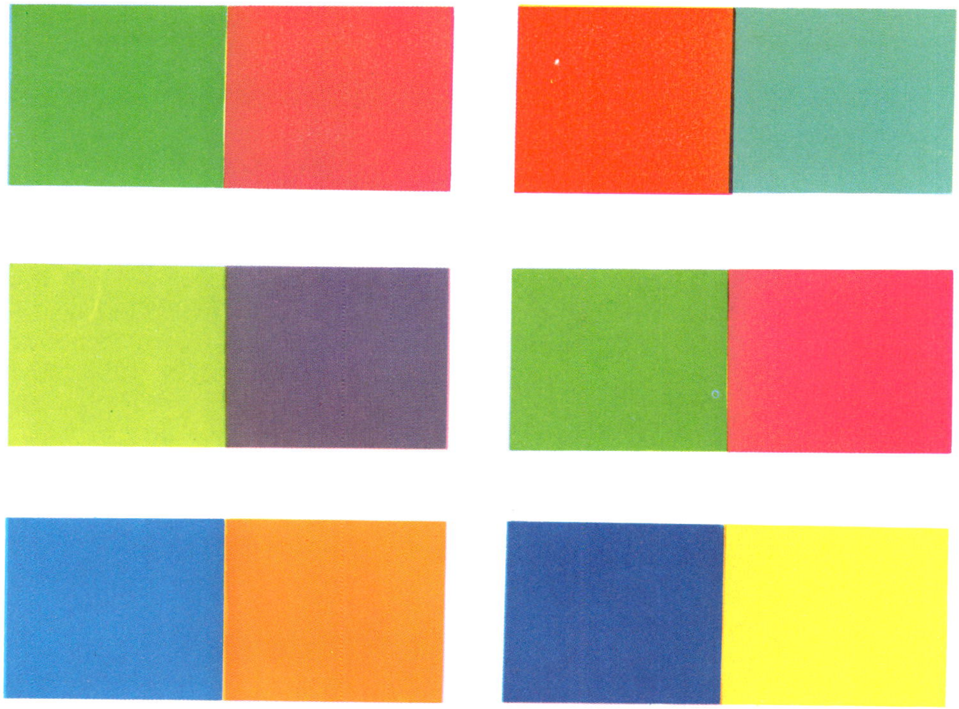

Abbildung 9: *Polare Farbkontraste.* Diese Bilder beweisen, daß der polare Farbkontrast (unabhängig vom Tonwert) durch eine Nebeneinanderstellung zweier Komplementärfarben erreicht wird. Dieser kann bei gewissen Farben übrigens der Harmonie schaden.

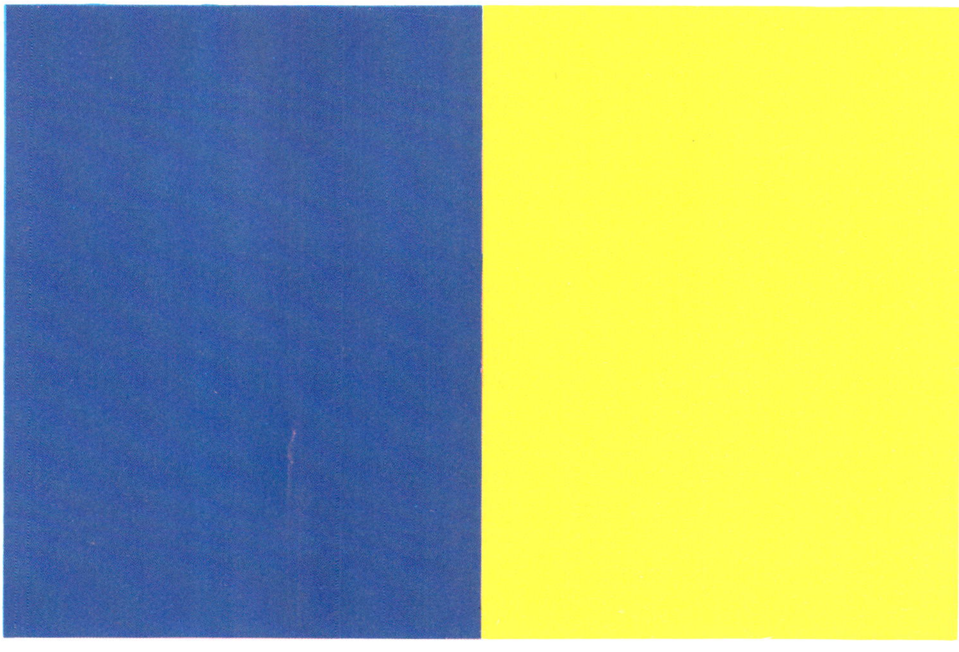

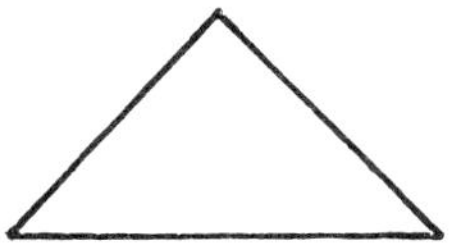

Legen Sie anschließend das eine Dreieck auf das gelbe Rechteck und das andere auf das blaue Rechteck. Schieben Sie die Dreiecke genau in die Mitte.

Betrachten Sie nun zunächst das eine, dann das andere Dreieck einen Augenblick ganz fest. Sie werden sofort merken, daß das Dreieck auf dem gelben Rechteck einen leichten Blaustich und das auf dem blauen Rechteck einen leichten Gelbstich angenommen hat. Das heißt, das erste Dreieck erhält eine Induktion von Blau, der Komplementärfarbe von Gelb, und das Grün wird blaustichig. Beim zweiten Dreieck ist es genau umgekehrt.

Was hat das für uns zu bedeuten?

Delacroix sagte eines Tages: "Gebt mir Schlamm, und ich male euch die Haut der Venus damit, vorausgesetzt, ihr laßt mich alle Farben darumherum malen, die ich möchte." Delacroix waren die Gesetze, die wir soeben untersucht haben, bekannt. Er wußte, daß er mit bestimmten Farben für den Hintergrund tatsächlich den Eindruck einer zarten Fleischfarbe erhalten konnte, selbst wenn er sie mit Ocker oder hellem Grau gemalt hatte, das ebenso schmutzig war wie Schlamm.

VON DER THEORIE ZUR PRAXIS

Eines Tages wurde Rubens gebeten, einen armen, aber sehr willigen jungen Mann als Schüler aufzunehmen, der unbedingt malen wollte.

"Er würde jede Arbeit tun. Er könnte Ihnen vielleicht helfen, die Hintergründe zu malen..."

"Er kann Hintergründe malen!" rief Rubens in gespielter Bewunderung. "Bringen Sie mir den Jungen sofort her; denn ich male schon jahrelang und weiß immer noch nicht richtig, wie man einen guten Hintergrund anlegt."

Rubens ahnte - wie alle großen Künstler - bereits etwas von den modernen Farbentheorien, die wir in diesem Kapitel untersucht haben. Aus diesem Grunde empfand er das Malen eines dem Anschein nach einfachen Hintergrundes als eine sehr heikle, riskante Aufgabe. Von Velasquez und einem Großteil der anderen Meister läßt sich ähnliches sagen. Erreichen wollen sie alle ein Gefühl der Weite, das sich nur durch Kontraste und ein Vibrieren der Komplementärfarben erzielen läßt.

Wir wollen diese Theorien jetzt vom praktischen Standpunkt aus untersuchen.

DIE INDUKTION DER KOMPLEMENTÄRFARBEN IN DER PRAXIS

Die vorliegende Studie beruht auf einem Ölgemälde von Francesco Serra, das sowohl in diesem Kapitel als auch auf dem Einband dieses Buches abgebildet ist.

Wir möchten dem Künstler an dieser Stelle unseren Dank für die Abdruckgenehmigung aussprechen und gleichzeitig darauf hinweisen, daß es sich bei den ebenfalls abgebildeten Farbskizzen (Abbildungen 12, 13 und 14) nur um experimentelle Studien handelt, die die Theorie der Induktion von Komplementärfarben in der Praxis aufzeigen sollen.

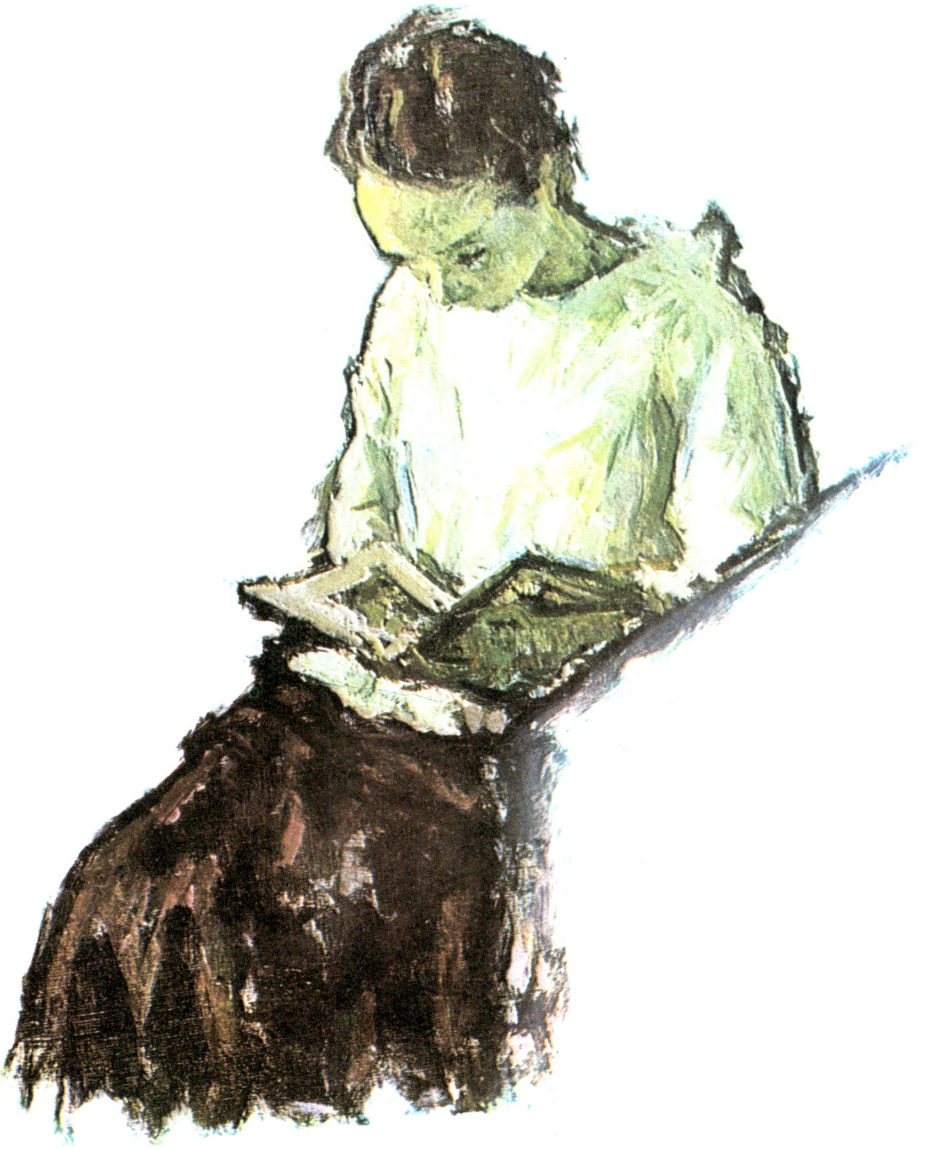

Abbildung 12: Hier das Bild einer jungen Frau, die in einem Buch liest, auf einem hellen Untergrund. Die junge Frau trägt eine weiße Bluse und einen braunen Rock. Aufgrund des Gesetzes der Simultankontraste bleibt der Farbton des Gesichtes auf dem weißen Grund dunkel. Es hat eine graue, scharfe Farbe mit einem Grünstich. Die Bluse wirkt eher grau als schmutzigweiß. Auch das Buch nimmt diesen grünstichigen Grauton an... Die Farbgebung entspricht ziemlich weitgehend der Vorstellung von Delacroix, der sagte, man könne mit Schlamm die Haut der Venus malen.

Betrachten wir jetzt, wie man durch Veränderung der Untergrundfarbe, ohne die Farbe der Gestalt noch einmal zu malen oder zu modifizieren, eine normale, angenehmere Farbgebung erzeugen kann. Abbildung 13:

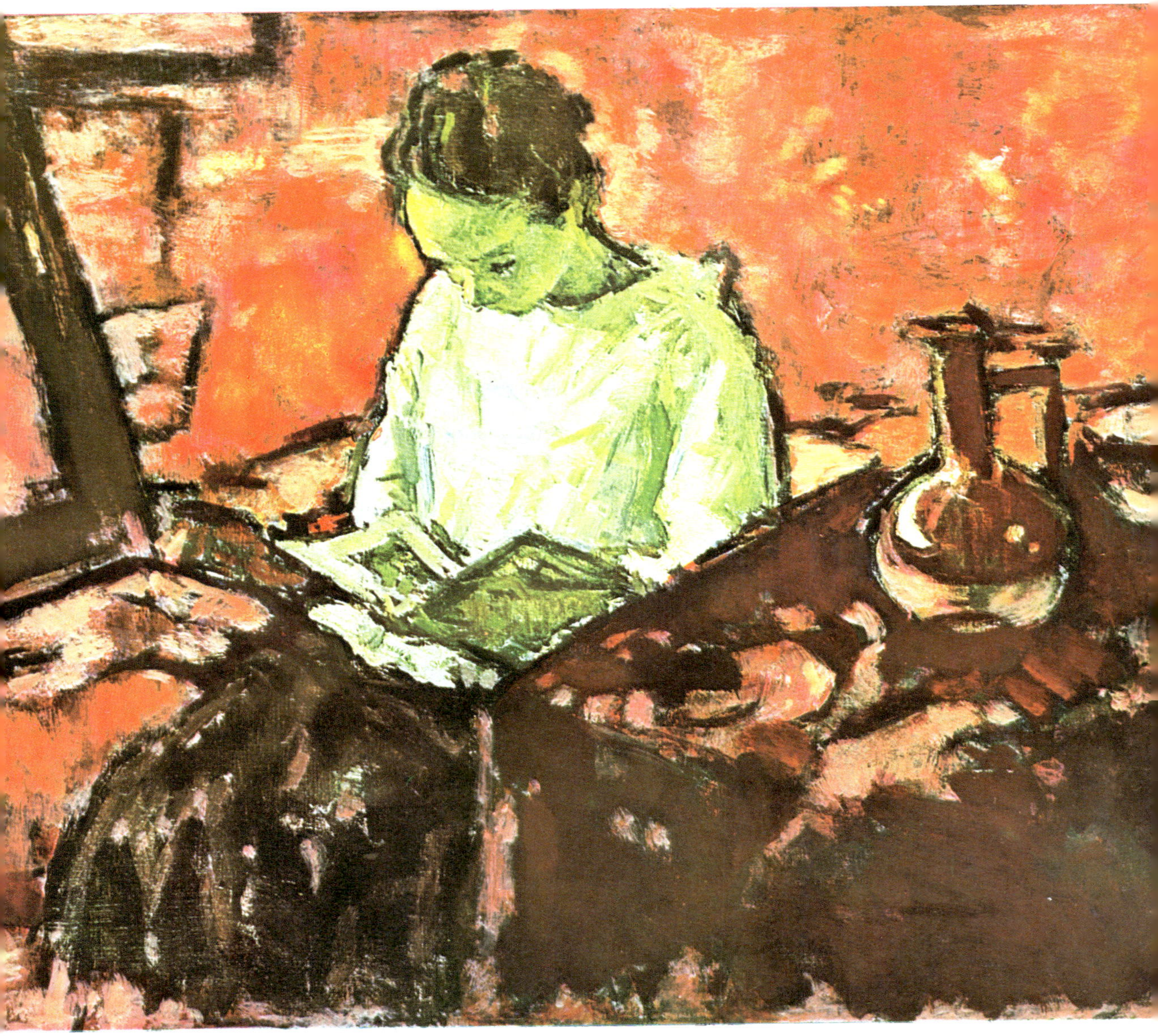

Hier der erste Beweis für die Induktion der Farben des Untergrunds. Wir haben dieselbe Gestalt auf einen rötlichen Hintergrund gesetzt. Außerdem haben wir den Rock neu gemalt und ihm einen Rotstich gegeben. Sie sehen selbst, daß das Ergebnis unbefriedigend ist. Es ist uns nicht gelungen, die Farbe der Bluse und des Kopfes zu verbessern, im Gegenteil. Und wissen Sie, weshalb nicht? Weil das purpurstichige Rot am schlechtesten zu der olivähnlichen Farbe des Gesichtes und der Bluse paßt. Denn dieses Purpur projeziert seine Komplementärfarbe auf die benachbarten Töne. Da die Komplementärfarbe von Purpur jedoch Grün ist, haben wir zum Grün der Gestalt weiteres Grün hinzugefügt; wir haben der Farbgebung geschadet, anstatt sie zu verbessern.

Versuchen wir jetzt, der Gestalt einen gelblichen Hintergrund mit einer Farbskala von Goldtönen zu unterlegen, die von Ocker über Siena bis Gelb reichen.

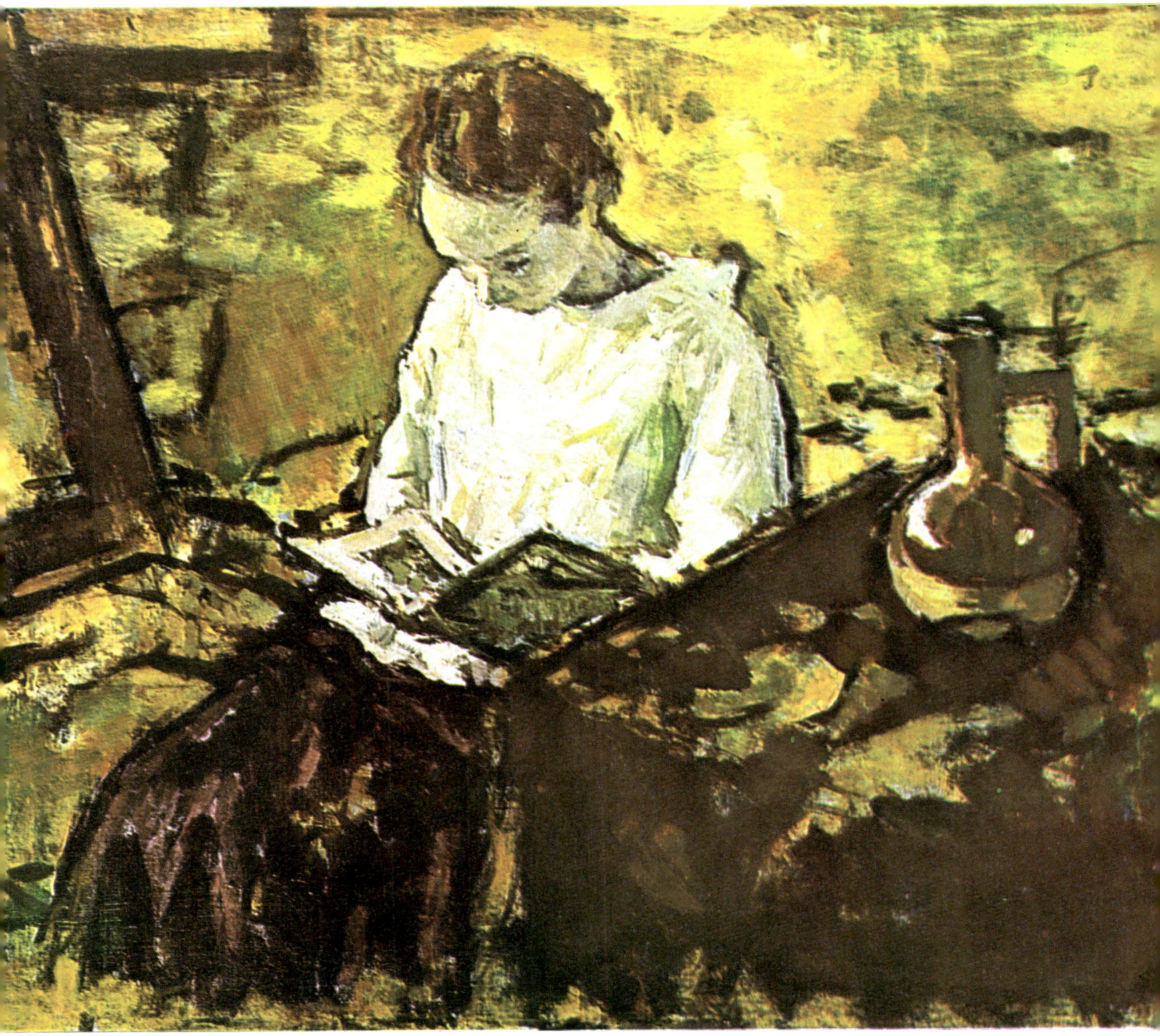

Abbildung 14: Das ist ebenfalls nicht gelungen. Zum einen erhält der Hintergrund hier wie beim vorherigen Versuch eine zu große Bedeutung. Er nimmt der Gestalt das Kraftvolle und ist mehr als nur ein Untergrund. Zum anderen werden die Farben aufgrund der Induktion des gelblichen Hintergrundes noch grauer. Außerdem projezieren die Farben des Untergrundes Blau (die Komplementärfarbe von Gelb) in die Gestalt eine Blaunuance, die abgestumpft ist und das Gesicht, die Bluse, ja die Farben der gesamten Gestalt noch blasser wirken läßt.

Überlegen Sie einmal, was dieser Körper, diese Gestalt dringend benötigt, um den gelblich-grünen Eindruck zu tilgen: Es handelt sich um ein helles Rot, ein Rotorange, das sich *optisch mit der Farbe der Gestalt* vermischt und stärker das Gefühl einer Fleischfarbe, einer normalen Farbe vermittelt. Können Sie mir sagen, welche Farbe wir wählen müssen, damit die

Gestalt die Induktion dieses lebhaften Rotorange erhält? Natürlich: der Hintergrund muß blau sein – von einem Blau wie dem Zyanblau, dessen Komplementärfarbe Rot ist. Tragen wir diese Farbe in mehr oder weniger hellen Strichen auf. Eine Reihe diverser Blaugrünflecken, um die Gestalt herum verteilt, verstärkt diesen Eindruck noch.

Abbildung 15: Das Gemälde von Francesco Serra beweist, daß der blaue Hintergrund für die Gestalt am besten geeignet ist, da er durch Induktion der Komplementärfarben die Farben des Kopfes, der Bluse und des Rockes am besten harmonisiert und ihnen Tiefe verleiht. Dadurch werden sie angenehmer, aus künstlerischer Sicht aber auch origineller.

Es versteht sich von selbst, daß Serra nicht zu diesem mühsamen Verfahren zu greifen brauchte, um die richtige Farbe herauszufinden. Es sollte nur dazu dienen, die Auswirkungen der Theorie der Induktion von Farben in der Praxis zu demonstrieren. Glauben Sie aber nicht, daß die Herstellung des Bildes für den Maler so einfach und leicht war, wie es auf den ersten Blick scheinen mag, wenn man die spontane, lockere Anlage betrachtet. Nein, trotz der großen Erfahrung des Meisters hat es ihn lange Stunden "großer Besorgnis und Unruhe" gekostet, wie er mir anvertraute.

"Ich besaß noch eine alte übriggebliebene Leinwand", erzählte Serra mir, "auf die ich eines Tages mit Pinsel und Spachtel die Farbreste auftrug, die sich nach Fertigstellung eines anderen Bildes noch auf meiner Palette befanden.

Diese Reste ergaben eine bläuliche Farbe. Nach einiger Zeit – ich hatte die Leinwand inzwischen mehrmals wieder in die Hand genommen – hatte ich plötzlich den Eindruck, diese bläuliche Farbe könne mir als Untergrund für ein Stilleben oder eine Gestalt dienen. Ich habe es ausprobiert. Ich habe ein junges Mädchen, das in einem Buch las, mit dicken Strichen in einer dunklen Farbe darauf umrissen. Anschließend habe ich den Kopf und die Bluse farbig gemalt, und ich erkannte die Möglichkeit, das Gesicht und die Bluse in einer anderen als der normalen Fleischfarbe zu gestalten. Ich habe es mit diesem olivstichigen Ocker und Grau versucht. Am nächsten Tag erkannte ich dann die Notwendigkeit, den grünblauen Untergrund nicht nur zu behalten, sondern noch zu verstärken und mit jenen dunkelblauen Pinselstrichen, die Sie im Vordergrund erkennen, hervorzuheben. All das geschah mit dem Ziel, die beste Nuance für das Gesicht und die Bluse zu finden und einen großen Einfluß auf deren besondere Farbgebung auszuüben."

Das Gemälde beweist die völlige Beherrschung der Form und der Farbenlehre. Vor allem aber zeigt es eine solide Kenntnis jener Theorie, die Sie im Augenblick erlernen und die sich wie folgt zusammenfassen läßt:

Berücksichtigt man die Induktion von Komplementärfarben, läßt sich eine Farbe verändern, indem man die sie umgebende Hintergrundfarbe verändert.

Das Studium dieser Theorie und das Bild von Serra weisen uns auf eine weitere wichtige Konsequenz: Beim Malen wie beim Zeichnen darf der Künstler nie "von oben nach unten" arbeiten, als streiche er eine Wand von der einen zur anderen Seite an. Er muß im Gegenteil sein Werk stets als

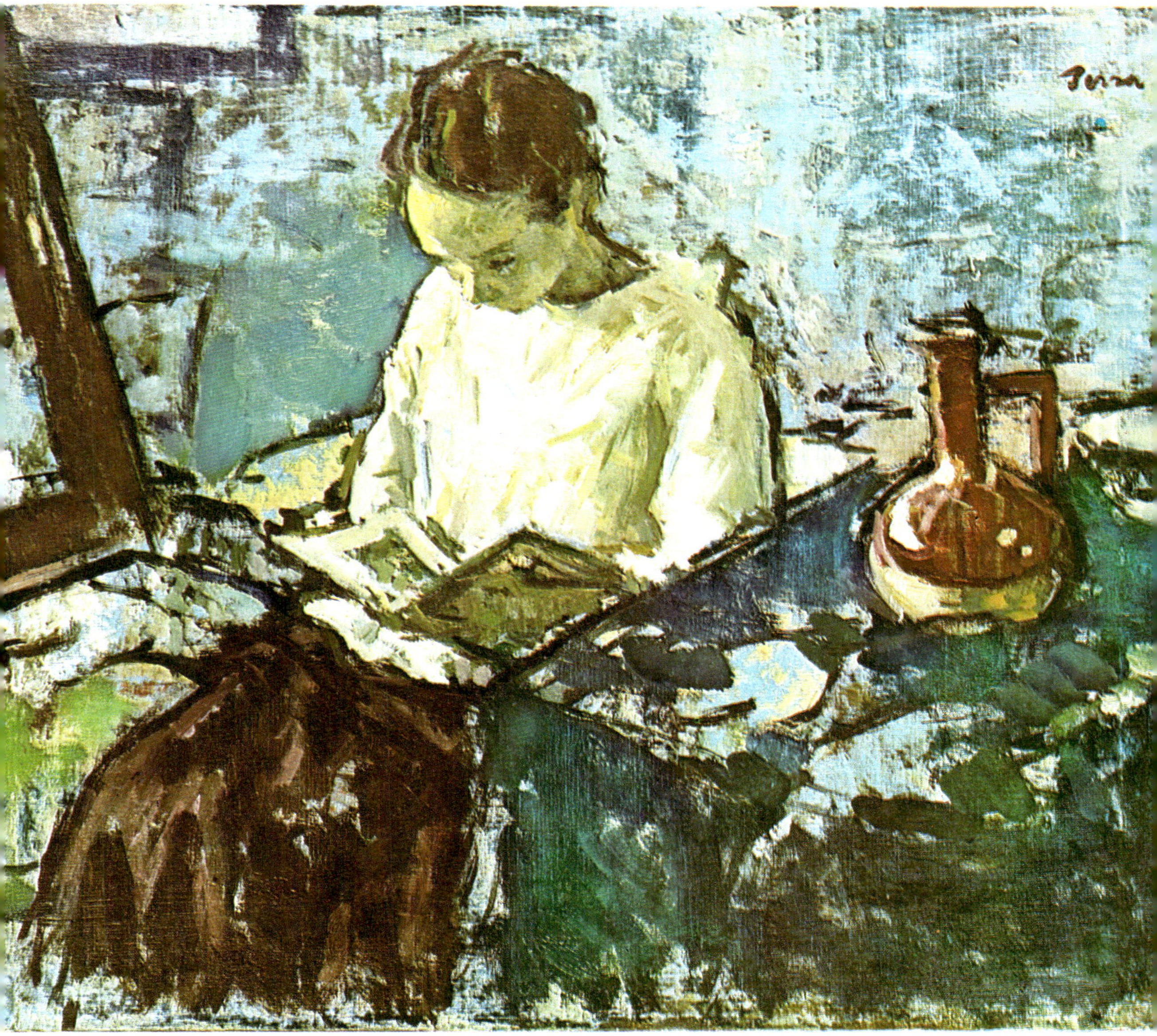

Ganzes betrachten! er muß alles gleichzeitig im Auge behalten, an allen "Blöcken" zugleich arbeiten und zunächst das erste Stadium beenden, dann das zweite und schließlich den Endzustand erreichen. Nur dann erhält er eine lebhafte, perfekte Farbgebung.

Der Maler darf zum Beispiel niemals eine Gestalt bereits *endgültig* fertigmalen, wenn er den Hintergrund noch nicht angelegt oder zumindest dessen Farbton angegeben hat. Denn dieser Hintergrund wird ebenso wie die Kleidung der Gestalt und alle übrigen Farben des Gemäldes von den Komplementärfarben der sie umgebenden Töne beeinflußt.

Vergessen Sie das niemals. Chevreul schrieb zu diesem Thema den entscheidenden Satz:

"Ein Strich auf der Leinwand tönt nicht nur an der bemalten Stelle mit der Farbe des Pinsels. Er färbt gleichzeitig die Fläche, die ihn umgibt, mit seiner Komplementärfarbe."

"WELCHE FARBE IST DAS?"

Uns bleiben immer noch ein paar Unbekannte zu lösen, bevor wir die endgültige Antwort auf die zu Beginn des ersten Kapitels gestellte Frage geben können. Eine dieser Unbekannten, der in der Praxis eine ganz erhebliche Bedeutung zukommt, bezieht sich auf den Gebrauch bzw. den Mißbrauch von Weiß und Schwarz in Mischungen mit anderen Farben. Sie dürfen keinesfalls davon ausgehen, daß man nur Weiß oder Schwarz hinzuzufügen braucht, um eine Farbe aufzuhellen bzw. abzuschatten. Vergessen Sie nicht, daß ein übermäßiger Gebrauch von Weiß und Schwarz sehr leicht zu jenen grauen, schwachen Farben ohne Kontraste führt, die allesamt schmutzig und monoton wirken.

GEBRAUCH UND MISSBRAUCH VON WEISS

Auf den Farbkarten für Ölfarben finden Sie garantiert kein helles Blau, ein Rosa oder ein beinahe schwarzes Rot, etc. Das ist völlig verständlich, denn die Hersteller gehen davon aus, daß der Künstler derartige helle oder dunkle Farbtöne mit Hilfe von Weiß bzw. Schwarz auf seiner Palette selber mischt.

Genau bei diesen auf den ersten Blick logischen Mischungen mit Weiß oder Schwarz, um ein Himmelblau oder ein helles bzw. dunkles Rot zu erzielen, kommt man der "Graufalle" bedenklich nahe. Das gilt für die Arbeit mit allen deckenden Materialien wie Öl-, Gouache- und Pastellfarben.

"Die große Schwierigkeit beim Malen mit Ölfarben besteht darin, das Weiß wegzulassen", sagte Emilio Sala.

Weiß macht die Farben mit absoluter Sicherheit grauer. Es ist ebenso wie Schwarz ein Grundbestandteil von Grau. Fügt man also Weiß einer bestimmten Farbe hinzu, bedeutet dies, daß man sie graustichiger machen will.

Um das nachzuprüfen, gibt es eine sehr einfache und sehr konkrete Möglichkeit. Man braucht nur zwei unterschiedliche Flüssigkeiten in zwei Gläser mit Kaffee zu schütten. Zuerst hellt man den Kaffee mit Hilfe von Wasser auf: Die Farbe des Kaffees verändert sich zu einem etwas helleren Siena, behält aber ihre ursprüngliche Tönung bei.

Gießt man dagegen Milch in das zweite Glas Kaffee, verändert sich die Farbe ganz erheblich. Sie wird milchig, trübe und graustichig.

Dieses Experiment läßt sich mit den beiden unterschiedlichen Maltechniken, mit Aquarellfarben und Ölfarben vergleichen.

Verdünnt man Aquarellfarben mit Wasser, werden die Töne heller und transparenter; hellt man dagegen Ölfarben mit Weiß auf, wird der Farbton schwächer und büßt an Leuchtkraft und Intensität ein.

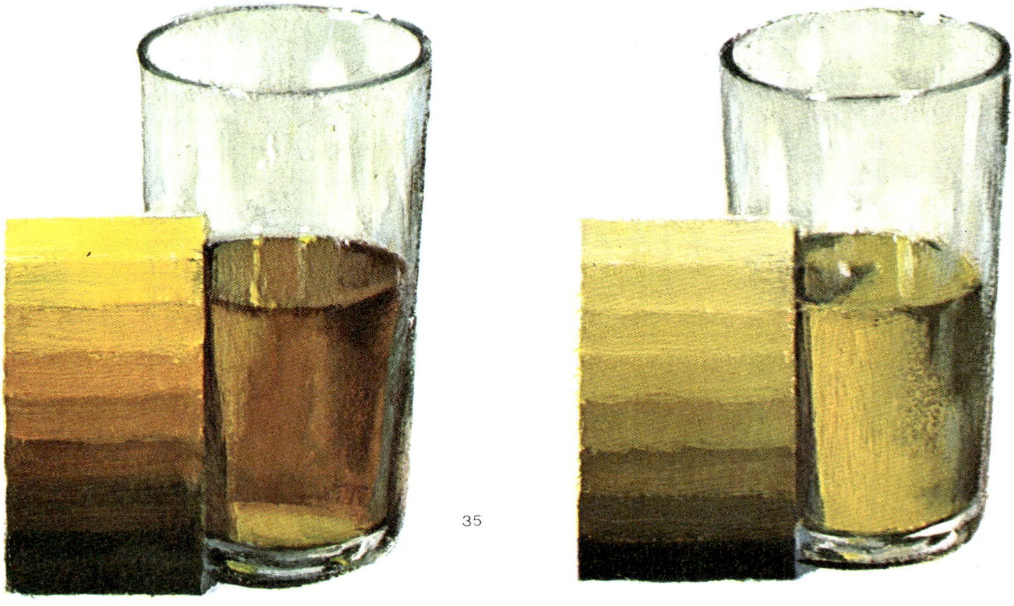

35

Das Experiment mit den beiden Kaffeegläsern zeigt unübersehbar, daß eine mit Weiß aufgehellte Farbe an Ausstrahlung und Qualität verliert.

Eine hellere Farbe kann man nicht nur durch Zugabe von Weiß erreichen.

Nehmen wir ein so leuchtendes Gelb wie die Grundfarbe der Pigmentfarben, und versuchen wir, es durch Zugabe von Schwarz dunkler zu machen. Sehen Sie selbst, was nun geschieht:

Zu Beginn der Mischung mit Schwarz wird das Gelb schmutzig und dann nach und nach grauer. Je stärker es sich mit dem Schwarz verbindet, desto grünlicher wird der Ton. Es entsteht ein schmutziges Grün, das das Gelb keinesfalls abdunkelt, sondern die Farbe völlig verwandelt.

Jetzt können Sie sich gewiß vorstellen, wie leicht man in die berühmte Graufalle tappt, wenn man sich darauf beschränkt, die Farben ausschließlich mit einem Übermaß an Weiß aufzuhellen oder mit Schwarz abzudunkeln.

Um diesen gewaltigen Irrtum ein für allemal auszurotten, müssen wir uns auch auf diesem Gebiet die Naturfarben vergegenwärtigen - also wie sich das Licht in der Natur selber mischt.

36 A

In der Tat findet sich auch hier die Lösung im Farbspektrum. Im Fall von Gelb ist zum Beispiel im Spektrum zu erkennen, daß die Dunkelheit von den Rottönen ausgeht, die orange werden und sich bis zum Gelb aufhellen, um anschließend in die Grün- und Blautöne überzugehen. Die perfekte Skala einer Gelbabstufung muß also von Schwarz über Rotviolett, Siena, Siena orange, Orangegelb, Dunkelgelb, Neutralgelb, Zitronengelb (Mischung aus Gelb, Grün und Weiß) zu Weiß führen (Abbildung 18).

Zum Beweis dieser Theorie betrachten Sie bitte die Abbildung 19 auf der gegenüberliegenden Seite. Sie zeigt den richtigen und den falschen Gebrauch von Weiß und Schwarz zum Aufhellen bzw. Abschatten der Farben an einem praktischen Beispiel. Auf Abbildung 19 A sehen wir eine Banane, die ausschließlich mit Gelb, Weiß und Schwarz gemalt wurde. Beachten Sie bitte, daß abgesehen von den Grautönen und dem schmutzigen und grünlichen Gelb in den Schattenzonen die Mischung von Weiß und Gelb an den beleuchteten Stellen zu einer Cremefarbe führt, die keinesfalls einem hellen Gelb entspricht. Der ursprüngliche Ton der Eigenfarbe ist verändert worden.

Und jetzt betrachten Sie bitte die reiche Farbgebung, die Transparenz der Schatten und die Darstellung des Lichtes auf Abbildung 19 B. Sie zeigt dieselbe Banane, diesmal mit der Skala von Abbildung 18 gemalt.

18

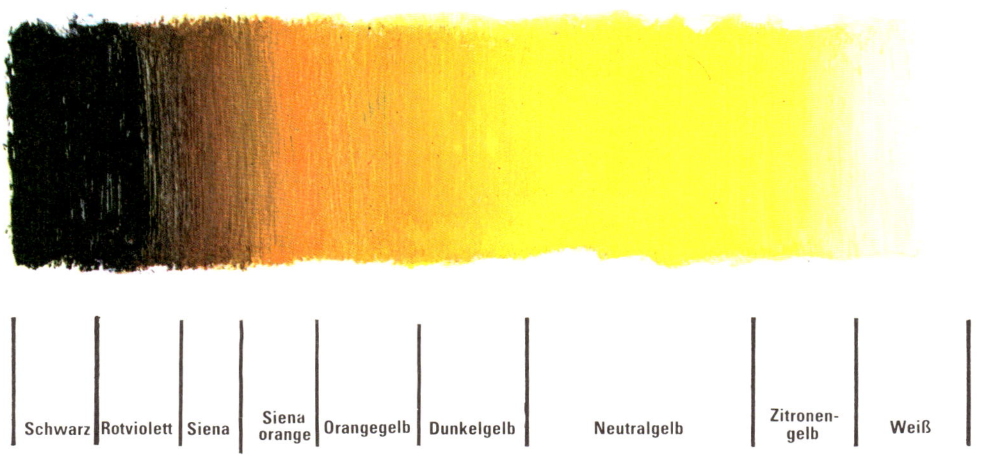

Abbildung 19 A - SCHLECHT: Der Gebrauch und der Mißbrauch von Weiß und Schwarz machen sich hier in einem allgemeinen Graustich bemerkbar, der die gelbe Farbe verändert, und im grünlichen Ton in den Schatten. Dies ist ein gutes Beispiel dafür, wie man es nicht machen sollte, wenn man mit deckenden Farben arbeitet.

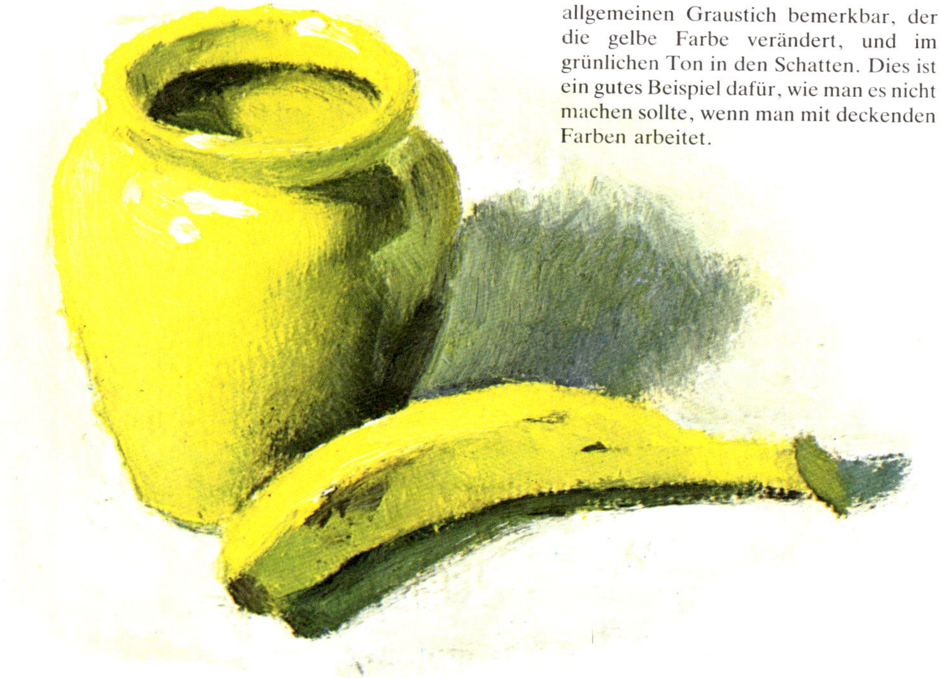

Abbildung 19 B - GUT: Hier ist alles anders. Benutzt man alle Farben der Palette zum Abschatten und Aufhellen der Gelbtöne des Modells, wird der Gegenstand viel realistischer und erhält vor allem eine viel reichere Farbgebung.

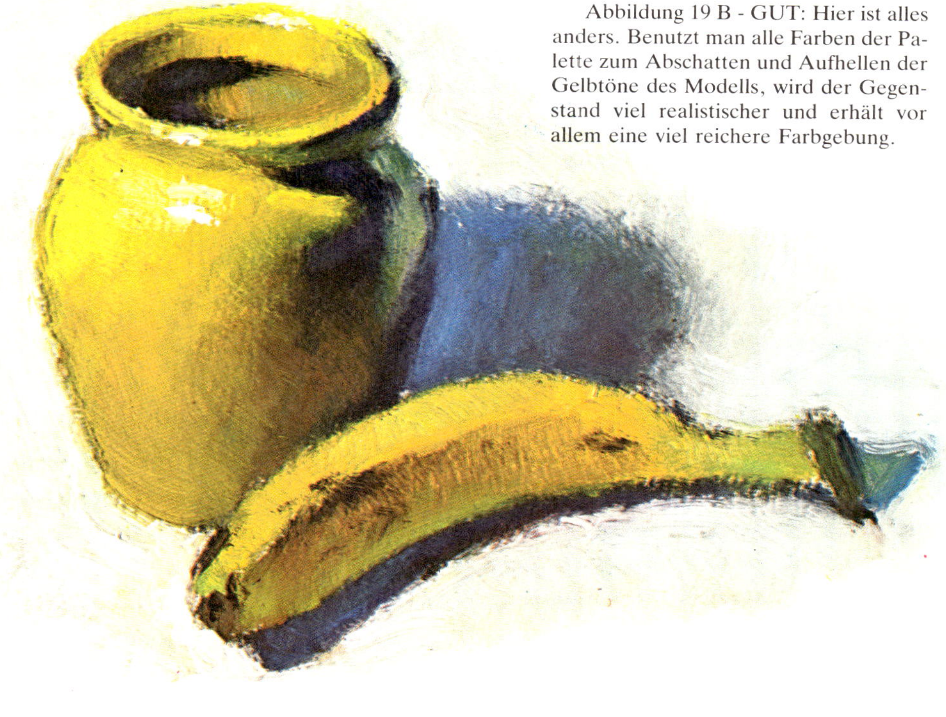

Dieselbe Farbskala des Sonnenspektrums gibt uns auch die geeignetsten Mischungen zum Aufhellen bzw. Abschatten der Grundfarbe Zyanblau an. Anhand des unten abgebildeten Schemas (Abbildung 20) stellen Sie selber fest, daß das Blau auf der hellen Seite von Grün und auf der dunklen Seite von einem intensiven, dunklen Blau mit Violettstich – also dem Ultramarin – begrenzt wird. In einer Abstufung mit Blau muß also ein deutlicher Grünstich (ein bläuliches Grün) in den hellen Partien und ein Violettblau an den dunklen Stellen vorhanden sein, während die Mitte neutral ist. Bevor die Abstufung in völliges Schwarz übergeht, ist an den allerdunkelsten Stellen sogar eindeutig ein dunkles Violett zu erkennen.

Betrachten wir jetzt ein praktisches Beispiel. Ein Topf und blaue Blumen werden einmal nur mit Blau, Weiß und Schwarz gemalt (Abbildung 21 A) und anschließend mit allen Farben, die das Modell erfordert (Abbildung 21B). Auf der oberen Abbildung macht sich das Grau überall bemerkbar, vor allem aber in den Spitzlichtern. Der Mangel an Farbe ist unübersehbar. Die Dürftigkeit des Gesamtbildes weist auf die Mischungen eines unerfahrenen Hobbymalers hin, dem die Möglichkeiten der Farben völlig unbekannt sind.

Auf der unteren Abbildung (21 B) sind die Farben der Schatten dagegen mit Hilfe verschiedener Blautöne dargestellt worden, in die Karmin und Rot gemischt wurden. Die hellen Stellen sind mit grünlichen Blautönen angelegt (natürlich mit Weiß gemischt, doch ohne daß dadurch die Farbgebung insgesamt abgestumpft oder beeinflußt wird). Vergleichen Sie die Farbgebung der Schatten und des reflektierten Lichtes in beiden Bildern. In der unteren Abbildung finden Sie Grün-, Violettkarmin- und Kobaltblaunuancen, in Abbildung 21 A oben dagegen nur ein langweiliges, unrealistisches Schwarz, Grau und Graublau.

20

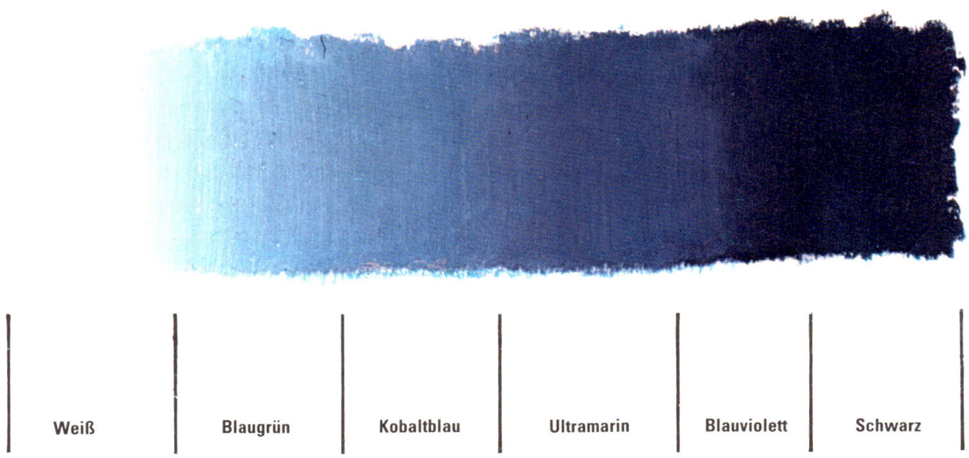

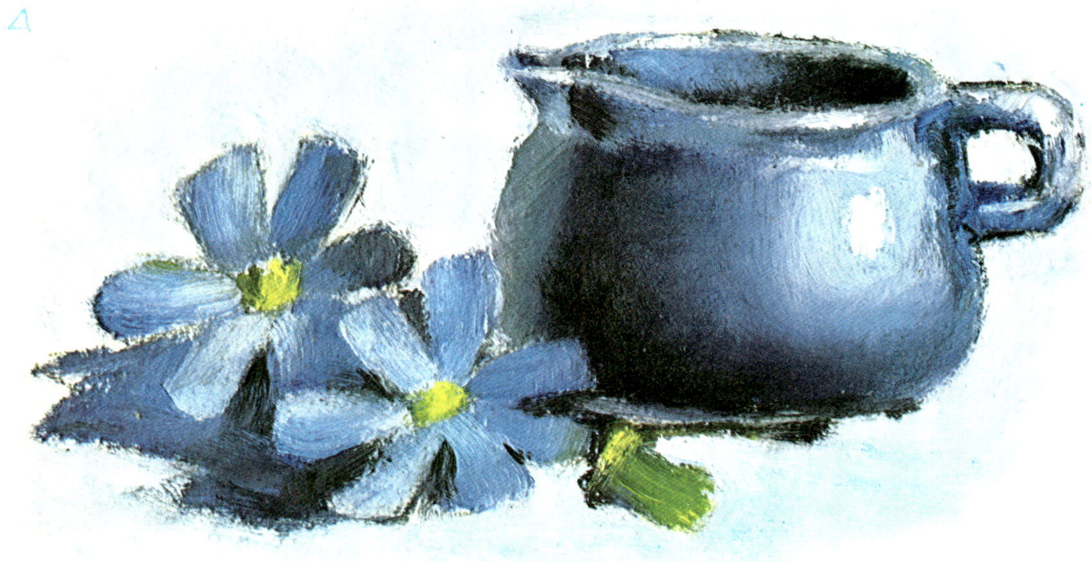

Abbildung 21 A - SCHLECHT: Ein blaues Motiv, allein mit dieser Farbe und Weiß und Schwarz gemalt, führt zu einem Bild mit einer dürftigen Farbgebung, bei der die Grautöne dominieren und die wirklichen Körperfarben verschmutzen und häßlich werden.

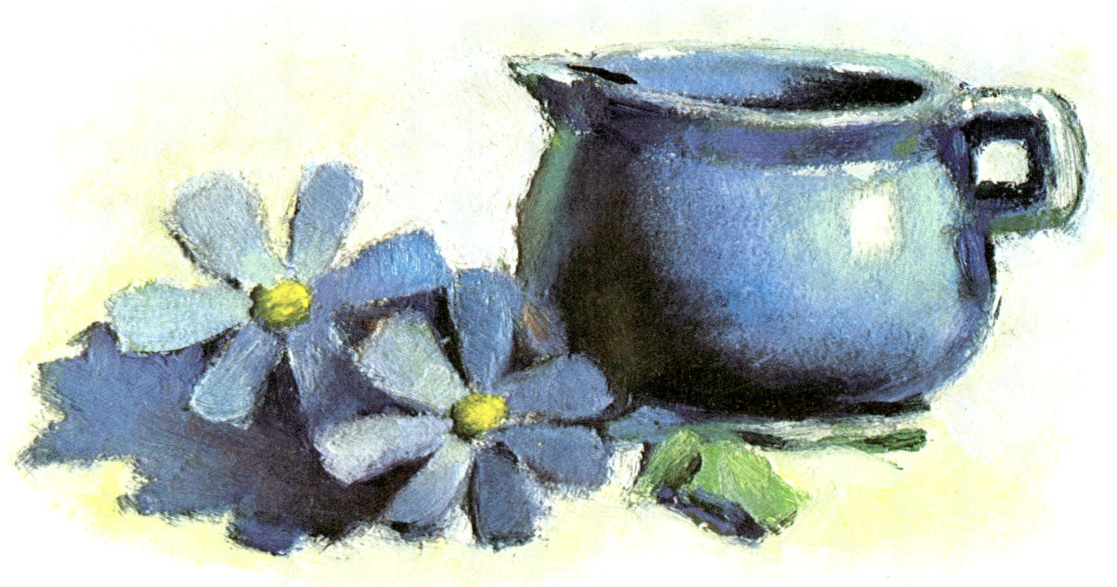

Abbildung 21 B - GUT: Hier das korrekte Ergebnis, das aus der gesamten Blauskala, die Abbildung 20 zeigt, gemalt wurde. Vergleichen Sie dieses Bild mit Abbildung 21 A, und analysieren Sie die Farbgebung. Sie werden feststellen, daß sie neben Schwarz mit verschiedenen Blautönen, Grün, Braun und Violett angereichert wurde, die dem Modell Form geben und es beleben.

Hier schließlich noch eine Abstufung eines Rots, wie man sie ebenfalls im Sonnenspektrum erhält. Sie beginnt mit Schwarz, das sich anschließend mit Violett mischt, und reicht dann über Karmin, Purpur, Rot, Rotorange zu Rosa (aber mit einem leichten Gelbstich. Das sollte man berücksichtigen; denn diese Farbe liegt am Rand des Rots im Spektrum, bevor es sich aufhellt) und Weiß (Abbildung 22).

Auf Abbildung 23 der gegenüberliegenden Seite sehen Sie zwei Bilder von Tomaten. Das eine, Abbildung 23 A (schlecht), wurde ausschließlich mit Rot, Schwarz und Weiß gemalt; in Abbildung 23 B (gut) beweisen die Farben der untenstehenden Abstufung erneut, wie wichtig es ist, die Verwendung von Weiß so genau wie möglich zu dosieren und soweit wie möglich durch andere Farben zu ersetzen. Das Rosa und die schmutzigen Rottöne des schlechten Bildes führen zu einer Frucht, die nichts mit der Wirklichkeit zu tun hat. Betrachten Sie im Vergleich dazu die breite Skala der Orange-, Zinnober- und Rottöne, die für die untere Abbildung mit Gelb, Karmin und Violett gemischt wurden. Dadurch entsteht der Eindruck eines richtigen "Tomatenrots". Diese Mischungen enthalten zwar auch Weiß und Schwarz, jedoch nur in der absolut notwendigen Menge.

Es kommt also darauf an, in jedem Einzelfall die chromatische Stufenleiter der Farbe herauszufinden, die es aufzuhellen oder abzuschatten gilt. Sie wissen bereits, daß die chromatische Tendenz von der Eigenfarbe des Körpers, der tonalen Farbe und der reflektierten Farbe beeinflußt wird, die ihrerseits wiederum von der Farbe und der Stärke des Lichtes sowie von der sie umgebenden Atmosphäre bestimmt werden. Unter Berücksichtigung dieser Tatsachen müssen Sie feststellen, ob die hellen Stellen gelb-, rot- oder blaustichig sind, und die Mischungen zwar mit Weiß vervollständigen, jedoch immer bedenken, daß Weiß allein nicht ausreicht. Es muß soweit wie möglich eingeschränkt oder nuanciert werden.

Bei den dunklen Stellen sollten Sie bedenken:

Schwarz allein genügt nicht, um das Fehlen von Licht wiederzugeben.

22

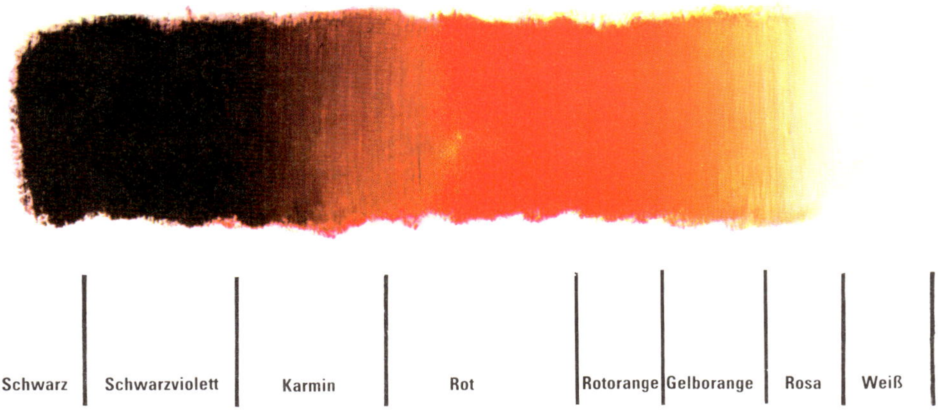

Abbildung 23 A - SCHLECHT: Nach Form und Zeichnung handelt es sich um Tomaten. Doch Tomaten besitzen keine so graustichige, schmutzigrote Farbe. Hier handelt es sich um eine mißlungene Übung eines unerfahrenen Hobbymalers, der Rot allein mit Weiß aufgehellt und mit Schwarz abgeschattet hat.

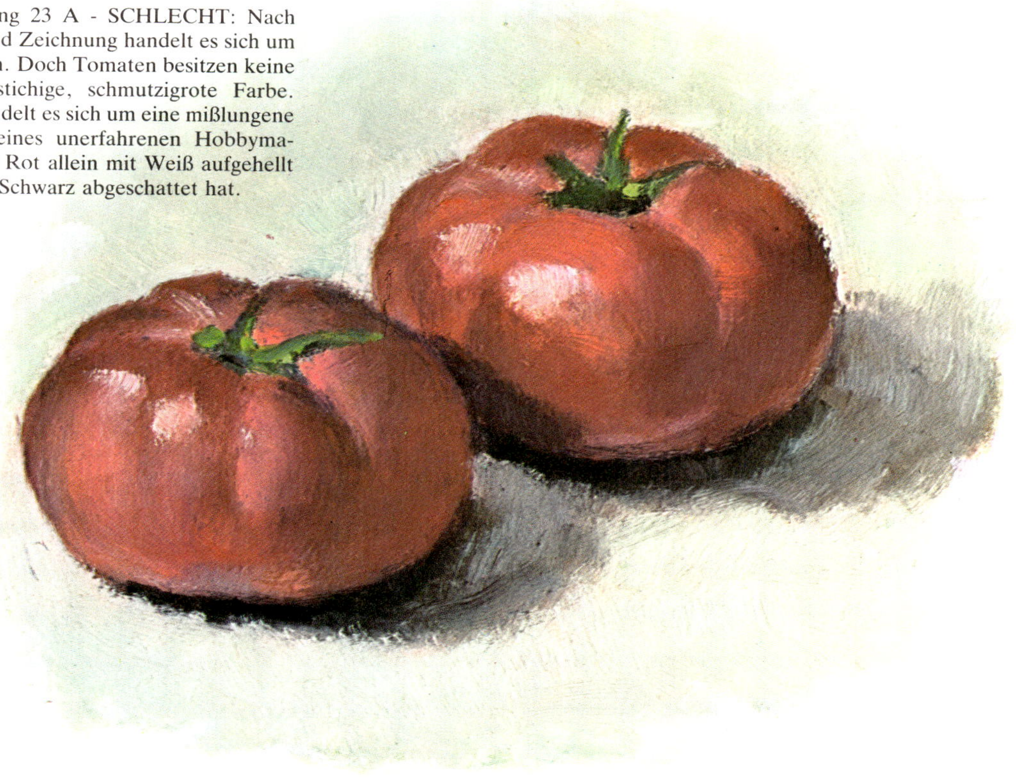

Abbildung 23 B - GUT: So sehen Tomaten aus! Diese Mischungen von Rot und Gelb (vorab mit Weiß), von Rot und Karmin mit Blau, Siena und Grün führen zu der richtigen Farbgebung. Dies ist ein weiteres perfektes Beispiel für die Farben des Sonnenspektrums und die Rotabstufung, wie Abbildung 22 auf der gegenüberliegenden Seite sie zeigt.

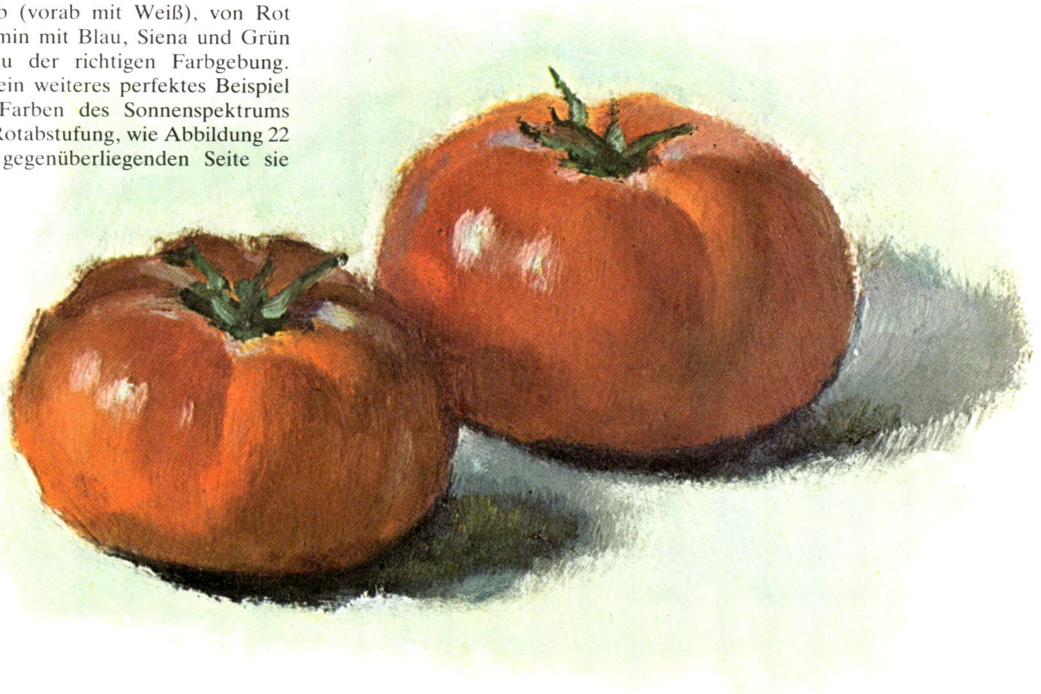

Ich sprach vom ”Fehlen des Lichtes“ und deutete mit diesem Ausdruck bereits an, daß wir uns als nächstes mit den Schatten und dem Studium der Farben des Schattens beschäftigen werden.

Rembrandt, der Meister des Helldunkel, sagte zu Recht, daß die Farbe im Licht in dem Augenblick unwichtig wird, wenn man den Schatten mit dem jeweils dazu passenden Farbton malt. Rembrandt setzte Formen und Farben mit großer Intelligenz ein und gab seinen Schatten genau die entsprechende Farbe.

Im folgenden Kapitel werden wir dieses Thema wegen seiner Bedeutung ausführlich behandeln. Damit versuchen wir, auch die letzten Probleme zu lösen, um endlich eine schlüssige Antwort auf die Frage: ”Welche Farbe ist das?“ geben zu können.

Bevor Sie das dritte Kapitel in Angriff nehmen, sollten Sie jedoch Ihre bisherigen Kenntnisse festigen. Betrachten Sie unablässig die Farben, studieren und analysieren Sie sie auf der Basis Ihres derzeitigen Wissensstandes. Suchen Sie die Komplementärfarben, beachten Sie die Kontraste, und betrachten Sie sie zumindest als das schönste Geschenk der Natur.

Wie Vincent van Gogh es in einem Brief an seine Mutter tat:

> ”Ich bin völlig versunken in die unendlich weiten Weizenfelder. Sie sind grün wie das Meer, von einem zarten Gelb, einem blassen Grün und einem sanften Violett. Dazu ein bebauter Acker unter einem blauen Himmel, dessen Licht von Weiß über Rosa, Karmin und Violett reicht. Ich empfinde einen tiefen Frieden, wenn ich all das betrachte. Ich habe große Lust zu malen, Mama.“

Drittes Kapitel
Untersuchung der von Künstlern am meisten verwendeten Farben
Die Farben der Schatten

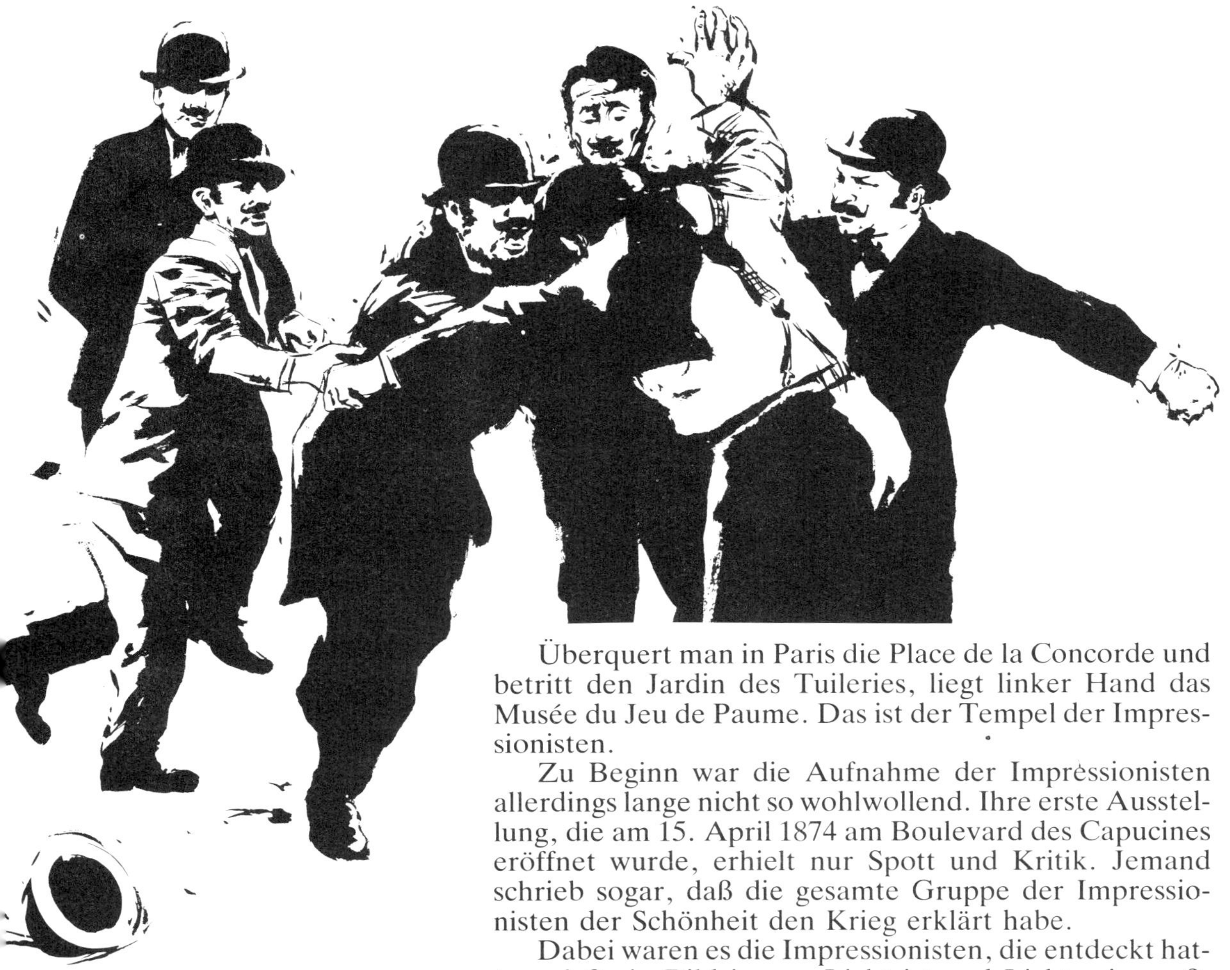

Überquert man in Paris die Place de la Concorde und betritt den Jardin des Tuileries, liegt linker Hand das Musée du Jeu de Paume. Das ist der Tempel der Impressionisten.

Zu Beginn war die Aufnahme der Impressionisten allerdings lange nicht so wohlwollend. Ihre erste Ausstellung, die am 15. April 1874 am Boulevard des Capucines eröffnet wurde, erhielt nur Spott und Kritik. Jemand schrieb sogar, daß die gesamte Gruppe der Impressionisten der Schönheit den Krieg erklärt habe.

Dabei waren es die Impressionisten, die entdeckt hatten, daß ein Bild immer Licht ist und Licht sein muß. Man gab ihnen den Beinamen "die Hellen", weil sie das Judenpech und das Rauchschwarz von ihrer Palette verbannten und es durch die Transparenz von Blau und Ultramarin ersetzten. Sie waren die ersten, die die Entdeckungen des Physikers Chevreul und die Versuche Delacroix' ohne Einschränkung in die Praxis umsetzten. Manet erklärte eines Tages:

Das Sonnenlicht ist gelb, und der Schatten ist blau. In allen Schatten taucht immer die Komplementärfarbe auf, die im Licht dominiert.

Wir werden uns in wenigen Augenblicken mit einem der zweifellos schwierigsten Aspekte der Malerei beschäftigen: der Farbe des Schattens. Damit die Unterweisung anschaulicher wird, werden wir das Studium anhand einer Reihe von Farbbeispielen absolvieren, die ich in Öl mit den Grund-, Zweit- und Drittfarben gemalt habe und für Sie erläutern möchte. In diesem Fall unterlag ich also der Beschränkung auf Mischungen allein aus Zyanblau, Purpur und Gelb.

Vorab wollen wir uns jedoch allgemein mit den Ölfarben befassen, die von den Künstlern am meisten verwendet werden.

DIE VON KÜNSTLERN AM MEISTEN BENUTZTEN FARBEN

Ich stelle diese Untersuchung anhand der Ölfarben an, denn die Ölfarbe ist die Königin der Farben. Von ihr läßt sich ohne weiteres auf die anderen Farben wie Aquarell-, Gouache- (1) und Pastellfarben sowie Buntstifte schließen.

Betrachten Sie bitte Abbildung 1 dieses dritten Kapitels auf der gegenüberliegenden Seite. Sie zeigt eine Auswahl der Farben, die der Künstler am meisten verwendet.

Die Farbkarten der Hersteller weisen allerdings eine ganz erheblich größere Anzahl von Farbmustern auf. Sie können bis zu fünfzig verschiedene Farben enthalten. Es ist verständlich, daß kein Künstler mit einer so breiten Auswahl von Farben arbeitet. Die Hersteller bieten sie an, weil 1) der Maler die Möglichkeit haben soll und muß, jene Farben zu wählen, die er für sich persönlich für unabdingbar hält (ein Grund, der trotz der Ähnlichkeit in der Auswahl besondere Unterscheidungskriterien bietet), und 2) der Künstler auf diese Weise sein Sortiment mit ein oder zwei besonderen Farben ergänzen kann, die mehr als andere zu seinem bildlichen Stil passen, also zu dem Thema, auf das sich der Maler spezialisiert hat. Dafür braucht man eine bestimmte Farbgebung (Personen- oder Porträtmaler etc.).

Die gegenüberliegende Abbildung zeigt einschließlich Weiß insgesamt dreizehn Farben, die unserer Ansicht nach am meisten verwendet werden. Beachten Sie jedoch, daß dieses Sortiment auf zehn Farben reduziert werden kann. Um Ihnen die Verkleinerung der Auswahl zu erleichtern, habe ich die zehn unverzichtbaren Farben mit einem Sternchen versehen. Die drei restlichen kann man notfalls fortlassen.

---

(1) Gouachefarben, auch Temperafarben genannt, haben eine gewisse Ähnlichkeit mit Aquarellfarben. Sie sind wasserlöslich, im Gegensatz zu den Aquarellfarben jedoch undurchsichtig und ähneln, auch wenn sie wesentlich feiner sind, den Binderfarben, die man für den Anstrich von Gebäuden benutzt. Gouachefarben werden in Tuben oder in kleinen Glasflaschen angeboten. Man benutzt sie sowohl für künstlerische Arbeiten als auch zu Werbezwecken. Wir kommen zu gegebener Zeit darauf zurück.

DIE AM MEISTEN VERWENDETEN FARBEN

Kadmiumgelb zitron

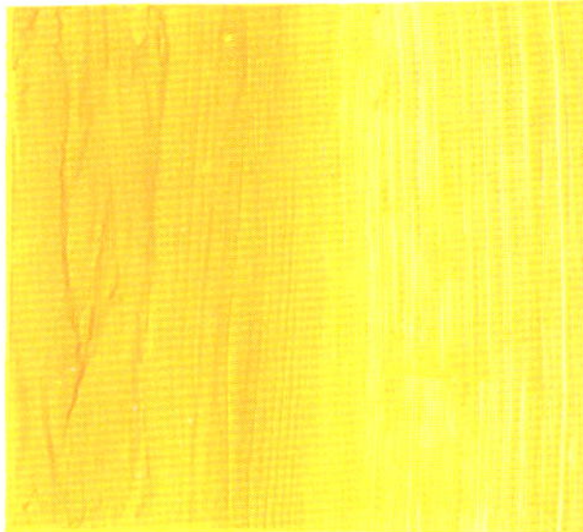

*Kadmiumgelb mittel

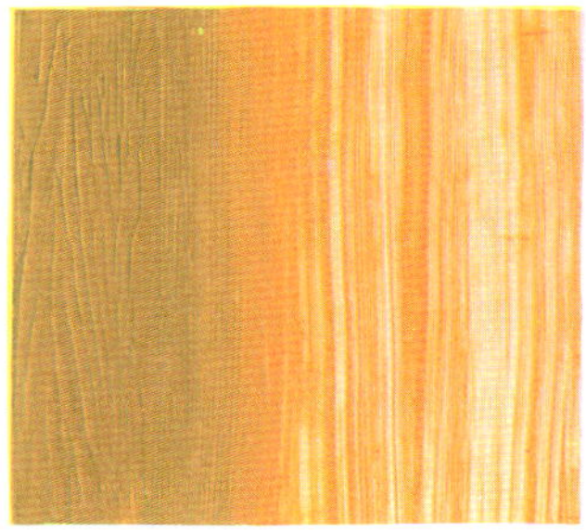

*Gelbocker

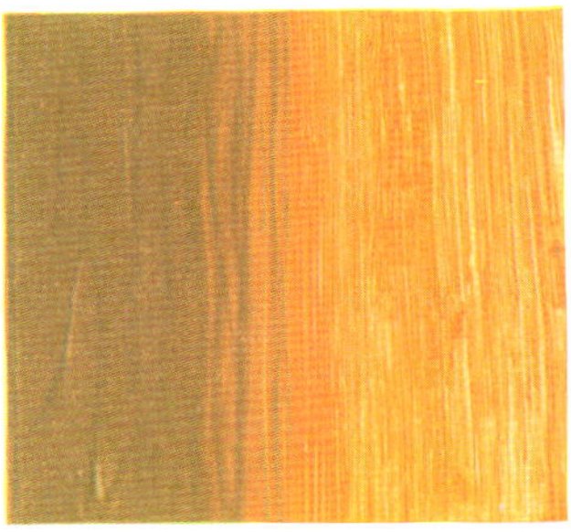

Siena natur

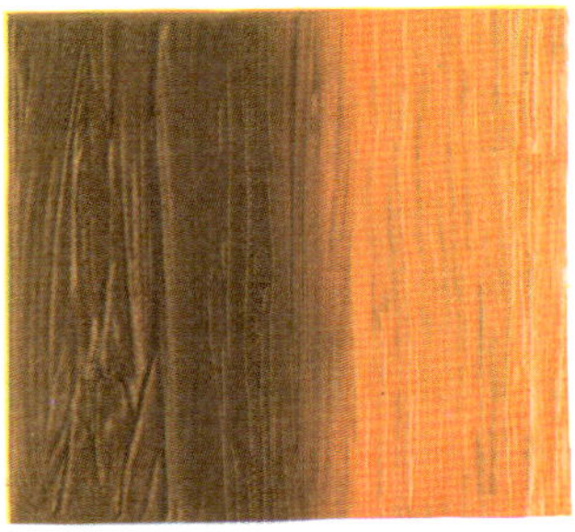

Siena gebrannt

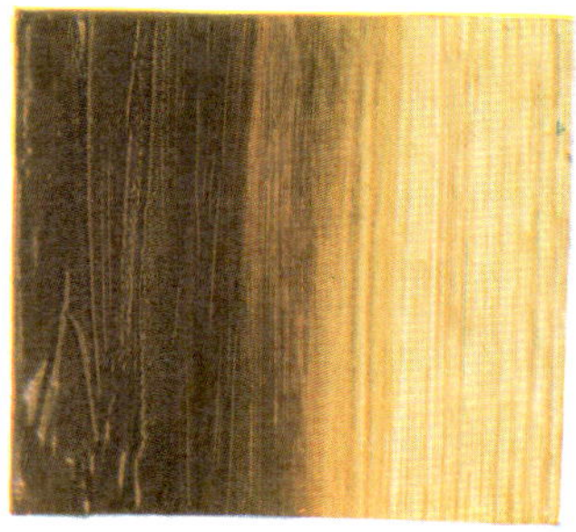

*Umbra gebrannt

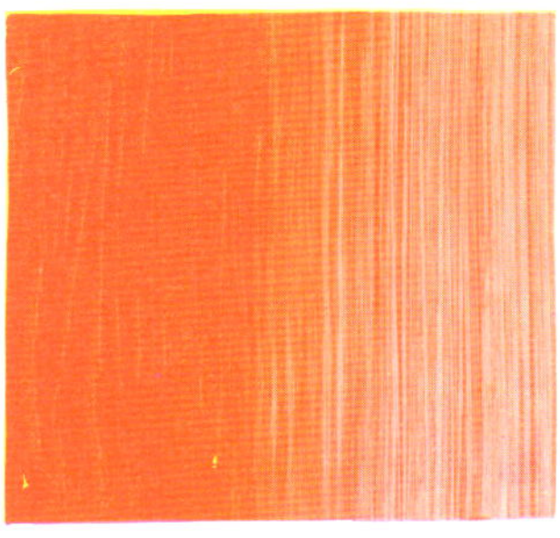

Kadmiumrot mittel

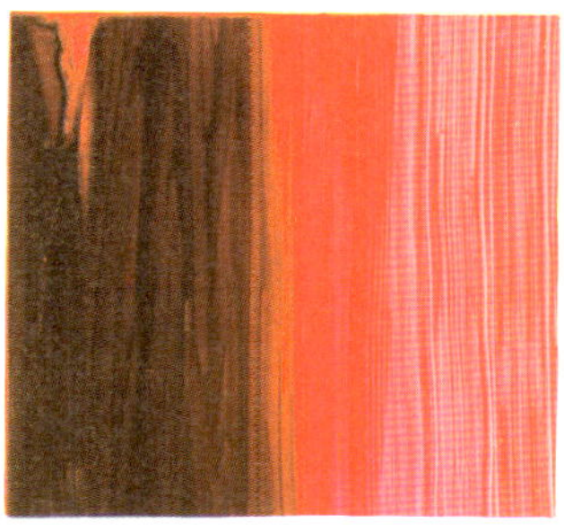

*Krappkarmin dunkel

*Smaragdgrün

*Kobaltblau dunkel

*Ultramarin dunkel

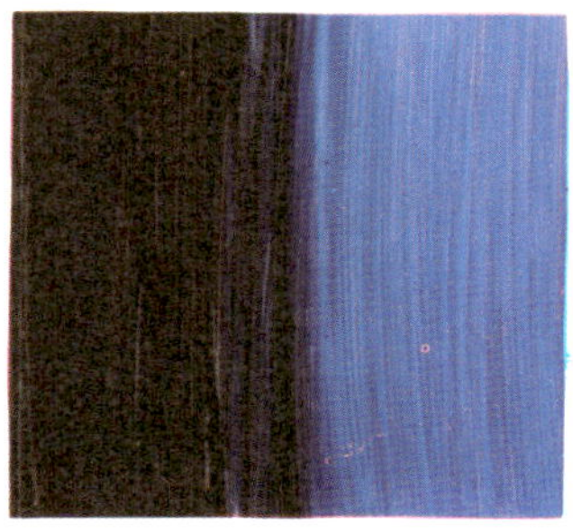

*Preußischblau

Dieser Aufstellung ist Titanweiß hinzuzufügen.

Lassen Sie mich zunächst versuchen, eine Antwort auf die Frage unseres imaginären Hobbymalers zu finden, der es merkwürdig finden mag, daß der Kunstmaler zu einer so breiten Palette greift, obwohl er alle Farben aus den drei Grundfarben Zyanblau, Purpur und Gelb selber mischen kann.

Dazu sei festgestellt, daß in einem Sortiment ähnlich dem, das wir aufgezeigt haben, eine starke Dominanz von Gelb, Rot und Blau herrscht, wie Sie bei einer Prüfung der Aufstellung selber feststellen können. Auf die Vorrangstellung dieser drei Farben soll noch näher eingegangen werden. Außerdem muß man offen zugeben, daß ein derartiges Sortiment dem Maler die Arbeit der Farbmischung und des Komponierens ganz erheblich erleichtert. Malt man zum Beispiel nur mit den drei Grundfarben und möchte ein Ockergelb erreichen, muß man zunächst Blau und Gelb zu ungleichen Teilen mischen, anschließend Purpur hinzufügen und immer wieder abstimmen und zu dieser Mischung noch etwas Blau geben.

Außerdem besitzt - ausgenommen die Grundfarben - jede dieser Farben eine ganz besondere Nuance, die man mit Hilfe der drei Grundfarben nur sehr schwer erreichen könnte. Chemisch ist die mathematisch genaue Wiedergabe sogar unmöglich, da die Zusammensetzung jeder Farbe anders ist. So besteht zum Beispiel Gelbocker aus Erdfarben, die einer besonderen Behandlung bedürfen, während in Preußischblau Eisenzyanid, in Purpur Koschenille und im Gelb Kadmiumsulfid enthalten sind. Mischt man diese drei Bestandteile, können sie einfach nicht den genauen Ton der chemischen Zusammensetzung von Gelbocker ergeben.

Nachstehend werden wir jede Farbe der nebenstehenden Tafel beschreiben und die Nuancen und die Besonderheiten beim Mischen erwähnen. Auf diese Weise wird deutlich, daß es nicht nur praktischer, sondern auch notwendig ist, mit mehr als drei Farben zu malen.

KURZE BESCHREIBUNG DER DREIZEHN FARBEN, DIE DER KUNSTMALER AM HÄUFIGSTEN VERWENDET

Diese Beschreibung bezieht sich auf die Farben im allgemeinen, denn man kann davon ausgehen, daß sich die Töne und Nuancen unabhängig von der Art der Farbe gleichen. In allen Aquarellkästen, allen Sortimenten von Tabletten, Flaschen oder Tuben mit Öl-, Gouache- oder Aquarellfarben und Schachteln mit Pastellkreide und Buntstiften finden Sie stets dasselbe Kadmiumgelb hell, dasselbe Ockergelb, Kobaltblau und Ultramarin aus dem gleichen oder einem sehr ähnlichen Material, das normalerweise auch denselben Namen trägt.

KREMSERWEISS, ZINKWEISS, TITANWEISS

Bei den Ölfarben unterscheiden wir normalerweise drei Weiß: das Kremserweiß, das Zinkweiß und das Titanweiß. Dazu muß man wissen, daß Kremserweiß lichtundurchlässiger ist als Zinkweiß und stärker deckt und rascher trocknet. Mit ihm läßt sich also auf einer dicken Farbschicht gut eine Struktur erzielen. Kremserweiß dunkelt in Gegenwart von Schwefel ab. Diese Eigenart verschwindet jedoch, sobald die Farbe bedeckt ist. Kremserweiß eignet sich daher hervorragend für Untermalungen. Zinkweiß ist transparenter und flüssiger, trocknet jedoch wesentlich langsamer, was die Ausführung eines Werkes komplizieren kann. Titanweiß nimmt eine Mittelstellung ein. Es wird daher stärker als die beiden anderen verwendet.

Beim Malen mit allen lichtundurchlässigen Farben - also Öl-, Gouache- und Pastellfarben - benutzt man viel Weiß, denn es taucht in fast allen Mischungen auf. Aus diesem Grunde sind die Tuben mit weißer Farbe größer als die übrigen.

Ziehen Sie beim weiteren Studium dieser Beschreibung der Farben bitte die Abbildungen 2 bis 13 der folgenden Seiten zu Rate. Jede zeigt eine Anzahl von Streifen mit den Farben und Tönen, die man durch Mischung der genannten Farbe mit weiteren erhält.

Betrachten Sie diese Abbildungen, nachdem Sie den Text gelesen haben. Die Namen und die darauf verweisenden Buchstaben sind im Textteil angegeben.

KADMIUMGELB ZITRON UND KADMIUMGELB MITTEL

Betrachten Sie diese beiden Gelb, wie sie aus der Tube kommen (Abbildung 2 und 3). Sie werden einen erheblichen Unterschied im Ton feststellen! Kadmiumgelb zitron (Abbildung 2A) ist heller und besitzt einen leichten Grünstich; Kadmiumgelb mittel (Abbildung 3 B) ist dunkler und geht nach Orange. Diese beiden Tendenzen bestätigen, was wir im vorigen Kapitel bei der Beschreibung von Abbildung 18 erfahren haben: Aufgrund des Platzes von Gelb im Spektrum neigt das helle Gelb zu Grün, und das dunklere nähert sich dem Rot.

Während des Malens muß man diesen grundsätzlichen Unterschied im Auge behalten; denn wie wir noch sehen werden, spiegelt die Mischung mit anderen Farben stets das benutzte Gelb wider.

Betrachten wir zunächst auf den Abbildungen die Mischungen mit Weiß. Hier neigt das Zitronengelb unmerklich zu Grün, während sich beim Kadmiumgelb die Originalfarbe verändert und zu einer Art Creme wird.

Beachten Sie anschließend, daß man durch Mischen von Zitronengelb mit Ocker, Weiß und Rot eine breite Skala von Fleischfarben erhält.

Beim Mischen mit Rot und Karmin führt das Kadmiumgelb mittel zu einem Rückgang der Leuchtkraft; das gilt vor allem für die Verwendung von Krappkarmin.

Der unterschiedliche Einfluß beider Farben wird in den Mischungen mit Smaragdgrün und den drei Blau Kobaltblau, Ultramarin und Preußischblau noch viel deutlicher. Sehen Sie sich diese Stellen auf den Abbildungen 2 und 3 genau an. Dann erkennen Sie, daß das Zitronengelb zu einer wunderbaren Vielfalt von leuchtenden Grüntönen führt; die Grüntöne in dem unteren Streifen, die mit Kadmiumgelb mittel gemischt wurden, sind grauer. Sie neigen stärker zu Bronze, zum Grün einer Landschaft am Spätnachmittag.

Mischt man beide Gelb mit Kobaltblau und Ultramarin, tritt eine sichtbare Entfärbung ein; die Grüntöne werden grau und spürbar dunkler. Beachten Sie, daß ich hier etwas Weiß eingemischt habe, damit der Eindruck einer graustichigen, schmutzigen Farbe deutlicher wird (C und D). Kennen Sie den Grund für diese Neigung zu einem schmutzigen Grau? Sie haben ihn gewiß schon erraten.

Violettblau ist die Komplementärfarbe von Gelb. Und am nahesten kommt ihr das Ultramarin; es verschmutzt daher das Gelb am stärksten und dunkelt es am meisten ab: Ein Beweis für die allgemeine Regel, nach der die Mischung zweier Komplementärfarben Schwarz ergibt.

Studieren Sie diese Wirkungen genau. Und erinnern Sie sich immer daran, daß Sie die Farben mit Kadmiumgelb zitron aufhellen und mit Kadmiumgelb mittel abdunkeln, vergolden und organgefarben machen können. Halten Sie die verschiedenen Grünskalen fest, und vergessen Sie nicht, daß man für ein helles, leuchtendes Grün Zitronengelb benötigt, während man für goldbraune und bronzefarbene Grüntöne auf Kadmiumgelb mittel zurückgreifen muß. Erinnern Sie sich ferner daran, daß sich ein neutrales Grün am leichtesten mit Smaragdgrün und Preußischblau erzielen läßt, während Ultramarin als Komplementärfarbe von Gelb zu schmutzigen, graustichigen Grüntönen führt, die in manchen Fällen sehr angebracht sind: für das Grün der Schatten, sehr entfernte erdfarbene Grüntöne etc.

GELBOCKER UND SIENA GEBRANNT

Betrachten Sie auf Abbildung 4 und 5 die beiden Farben, wie sie aus der Tube kommen. Mischt man Gelbocker mit Krappkarmin und etwas Weiß, erhält man ebenfalls ein ausgezeichnetes Siena gebrannt (Abbildung 4); mischt man andererseits Siena gebrannt mit Gelb und etwas Weiß, erhält man das erwähnte Gelbocker (Abbildung 5 B). Es handelt sich also um zwei Farben, die sich nur im Gelb- bzw. Karminstich unterscheiden. Dieser Unterschied wirkt sich auch auf die Mischungen von Gelbocker und Siena gebrannt mit anderen Farben aus: In den Mischungen mit Ocker besteht immer ein gewisser Anteil Gelb, der - wenn auch in geringerem Maße - an die Lebhaftigkeit und die Leuchtkraft dieser Farbe erinnert. Mischungen mit Siena gebrannt sind dunkler; hier tritt das Gelb zugunsten von Rot und Karmin zurück. In beiden Farben befindet sich Weiß - im Ocker mehr als im Siena gebrannt. Beide enthalten ebenfalls Blau. Daraus folgt, daß sowohl Ocker als auch Siena gebrannt in Mischungen dazu neigen, entsprechend ihrer Nuance dem Gelb, dem Rot und dem Blau die Lebhaftigkeit zu nehmen. Dieser Effekt ist auf den Farbstreifen in den Abbildungen 4 und 5 deutlich zu erkennen.

Wie Abbildung 4 zeigt, ergibt die Mischung von Ocker mit Weiß und Rot sehr erwünschte Töne zum Malen von Fleischfarben.

Mischt man Ocker mit Rot und Karmin, stumpft man die Leuchtkraft der beiden Farben ab. Es entsteht eine Skala von Sienatönen, die für die Palette des Kunstmalers unverzichtbar sind.

Smaragdgrün und Ocker ergeben graustichige Grüntöne, die jedoch

ABBILDUNG 2: ZITRONENGELB

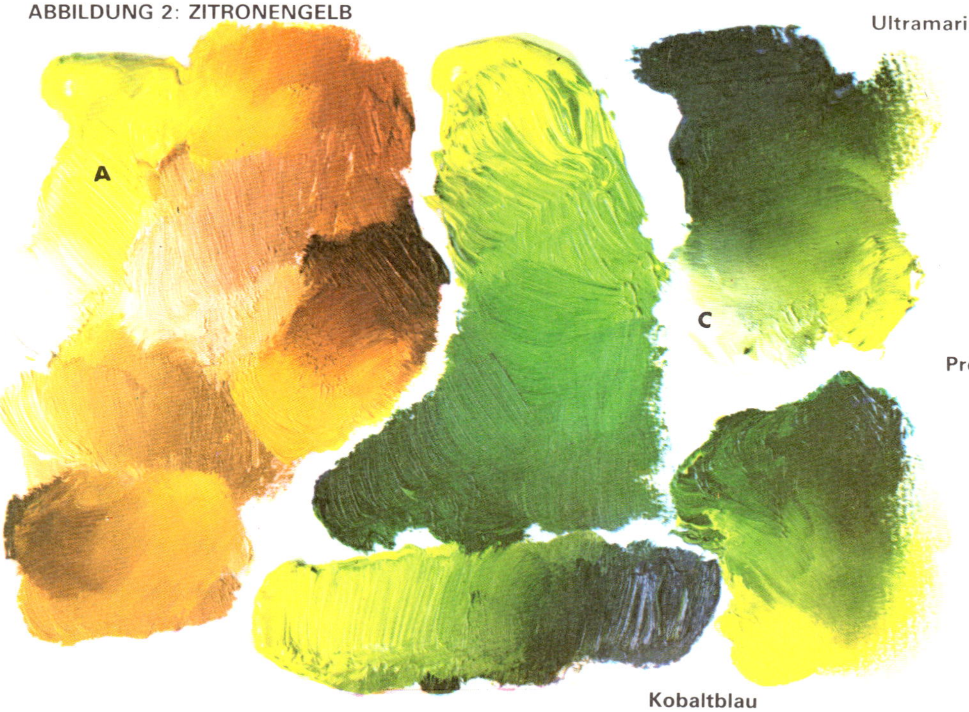

ABBILDUNG 3: KADMIUMGELB MITTEL

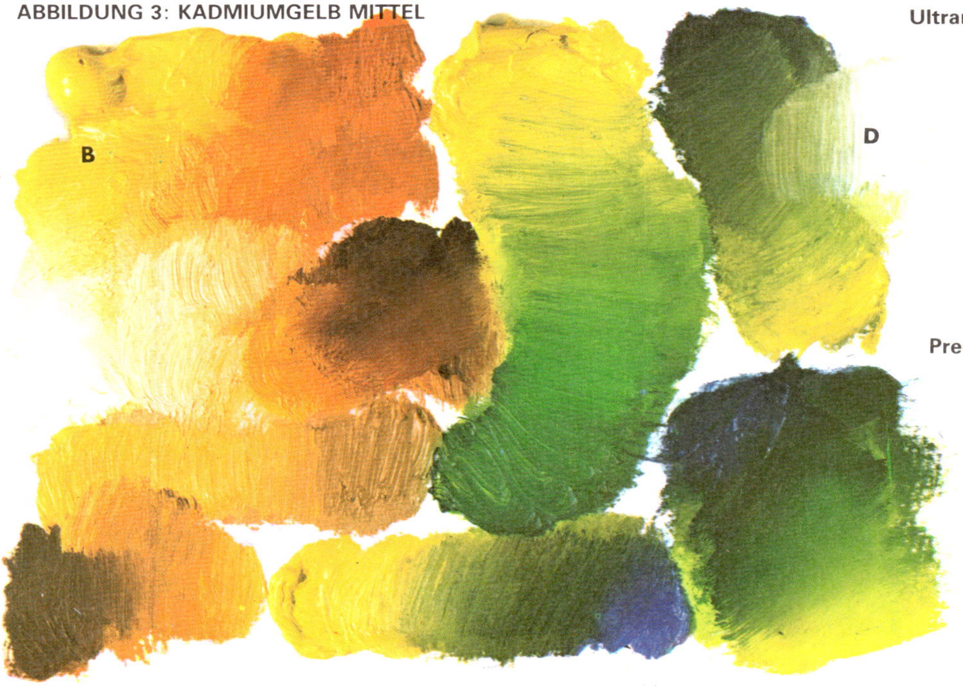

leuchtend genug sind, um ein gewisses Licht zu malen. Gemischt mit Preußischblau, erhält man ein dunkleres Grün mit einem deutlichen Graustich, der jedoch die starke Neigung zu Gelb beibehält. Eine Mischung mit Kobaltblau und Ultramarin und Gelbocker ergibt schließlich Braun- und selbst Grautöne, wie bei C zu erkennen.

Betrachten Sie jetzt die Farbskala, die aus einer Mischung von Siena gebrannt und den Farben von Abbildung 5 entsteht. Durch Zugabe von Weiß zu Siena gebrannt erhält man zunächst eine Lachsfarbe (D). Beachten Sie die Monotonie der Mischungen mit Gelb, Rot und Karmin, die im Gegensatz zu den reichen Grautönen aus Mischungen mit Smaragdgrün und den Blautönen steht. Hier ergibt die Hinzugabe von Smaragdgrün (in etwa die Komplementärfarbe von Siena gebrannt) Schwarz oder zumindest einen sehr dunklen Ton (E). Mit Hilfe von Kobaltblau und Ultramarin erhält man je nach Überwiegen der einen oder der anderen Farbe und in Mischung mit Weiß eine reiche Grau- und Braunskala - Töne, die man oft unbedingt zum Malen von Schatten und der dunklen Stellen im Spiel von Licht und Schatten benötigt.

SIENA NATUR

Die Originalfarbe, wie sie aus der Tube kommt, sehen Sie in Abbildung 6. Beachten Sie, daß Siena natur dem Gelbocker, das wir bereits untersucht haben, sehr nahekommt. Es ist nur etwas dunkler. Trotzdem erhält man auch mit Siena natur eine breite Skala von Fleischfarben, wenn man es mit Weiß, Gelb und Rot mischt (A). Bedenken Sie ferner, daß es vor aliem in Mischungen mit Blau stark abdunkelt und graustichig wird. Das führt zu Grüntönen von großer Qualität.

ROT UND KRAPPKARMIN

Wir brauchen diese beiden bereits gut bekannten Farben hier nicht zu beschreiben. Vergleichen Sie sie aber einmal auf den Abbildungen 7 und 8. Dann erkennen Sie den markanten Blaustich von Krappkarmin (oder Purpur). Diese Grundfarbe läßt sich nicht durch Mischen irgendwelcher anderen Farben herstellen.

Die Ergebnisse der Mischungen mit Gelb und Ocker (vorherige Abbildungen 2, 3, 4 und 6) haben wir bereits gesehen. Wir sollten jedoch noch einen Augenblick bei jenem Pinselstrich der Mischung von Krappkarmin, Zitronengelb und Weiß (A) verweilen. Achten Sie darauf, wie man hier ohne Zusatz weiterer Farben bereits eine breite Skala von Fleischfarben - Creme, Orange- und Rottöne - erhält. Sie benötigen Krappkarmin also nicht nur zum Abschatten, sondern auch um jene Nuancen zu erzielen, die wir noch beschreiben werden, und jene hellen Farben zu tönen, die dem lebhaften Licht entsprechen. Vergessen Sie auch nicht das leuchtende Rosa, das sich aus einer Mischung von Karmin und Weiß ergibt (B).

ABBILDUNG 4: GELBOCKER

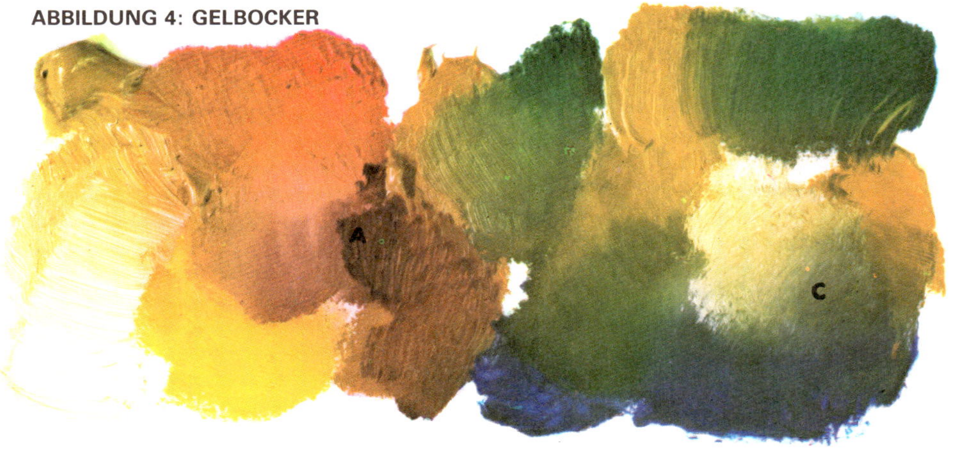

ABBILDUNG 5: SIENA GEBRANNT

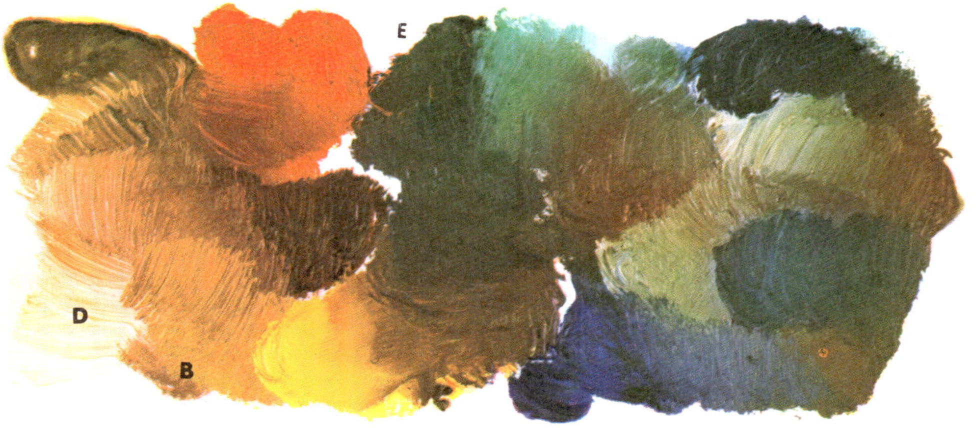

ABBILDUNG 6: SIENA NATUR

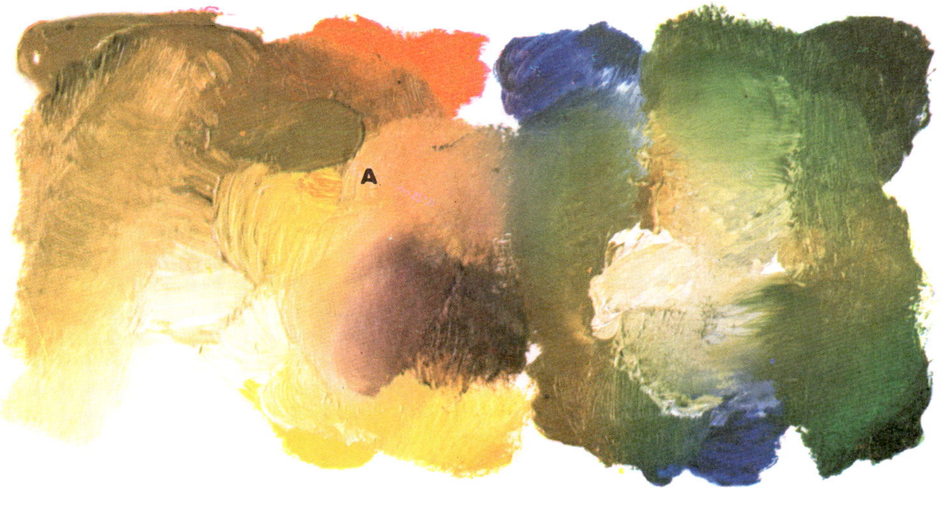

Versuchen wir jetzt die Farben herauszufinden, die sich aus einer Mischung von Krappkarmin mit Grün und Blau ergeben. Beachten Sie zunächst, daß Rot ebenso wie Karmin zum Schwarzwerden neigt, wenn es mit Smaragdgrün gemischt wird, da dies seine Komplementärfarbe ist. Das gilt vor allem für Krappkarmin und Smaragdgrün. Betrachten Sie ferner die Fläche C: Hier, wo Karmin mit Smaragdgrün und Umbra gebrannt gemischt wurde, überwiegt das Schwarz. (Achtung: verwechseln Sie Umbra gebrannt nicht mit dem zuvor untersuchten Siena gebrannt!) Notieren Sie also, daß die folgende Verbindung zu einem perfekten Schwarz führt:

Karmin + Smaragdgrün und Umbra gebrannt = Schwarz

Dies ist ein noch vollkommeneres Schwarz als das Schwarz aus der Tube, da es ganz leicht von Karmin, Braun oder Grün beeinflußt sein kann. Ein Schwarz paßt immer besser zu seinem Modell, wenn es sich aus dessen Farben zusammensetzt. Vergessen Sie diese Formel also nicht!

Denken wir schließlich an die Violett- und Brauntöne, die sich aus einer Mischung von Rot oder Karmin mit Blau und mehr oder weniger Weiß ergeben. Beachten Sie, daß diese Violett- und Brauntöne aus Verbindungen mit Rot nicht so rein ausfallen wie mit Karmin. Auch hier muß man die Ursache im Gesetz der Komplementärfarben suchen: Ein Rot mit Orangestich kommt der Komplementärfarbe von Blau näher. Sehen Sie sich den Unterschied genau an. Die reineren Violett- und Brauntöne aus Karmin leuchten kräftiger, sie sind feiner und von großer Transparenz. Denken Sie an diese Unterschiede, wenn Sie transparente Schatten malen. Diese Farben befinden sich in den Schattenstellen der meisten Modelle.

Beachten Sie zum Abschluß, daß eine Mischung von Karmin und Preußischblau ein beinahe schwarzes Violett ergibt (D). Dieses Schwarz ist wieder die Folge der Gesetzmäßigkeit von Komplementärfarben, denn Preußischblau kommt Grün nahe, und Grün ist die Komplementärfarbe von Karmin.

UMBRA GEBRANNT

Betrachten wir zunächst auf Abbildung 9 die Farbe aus der Tube. Umbra gebrannt kommt Schwarz sehr nahe, hat im Gegensatz dazu jedoch eine sehr markante Dunkelbraunnuance. Diese Nuance tritt in Mischungen mit Weiß und Gelb deutlich zutage. Sie erscheinen auf der Abbildung neben der Tubenfarbe. Beachten Sie die Qualität der Farben: Man erhält aus der Mischung der Erdfarbe mit Weiß ein gebranntes Grau, und die Gelbtöne erhalten einen giftigen Grünstich und verwandeln sich in ein gelbliches Oliv. Schon die ersten Farbtöne zeigen, daß Umbra gebrannt viel Charakter besitzt und uns beim Malen ungeheuer hilft.

Abbildung 7: Kadmiumrot

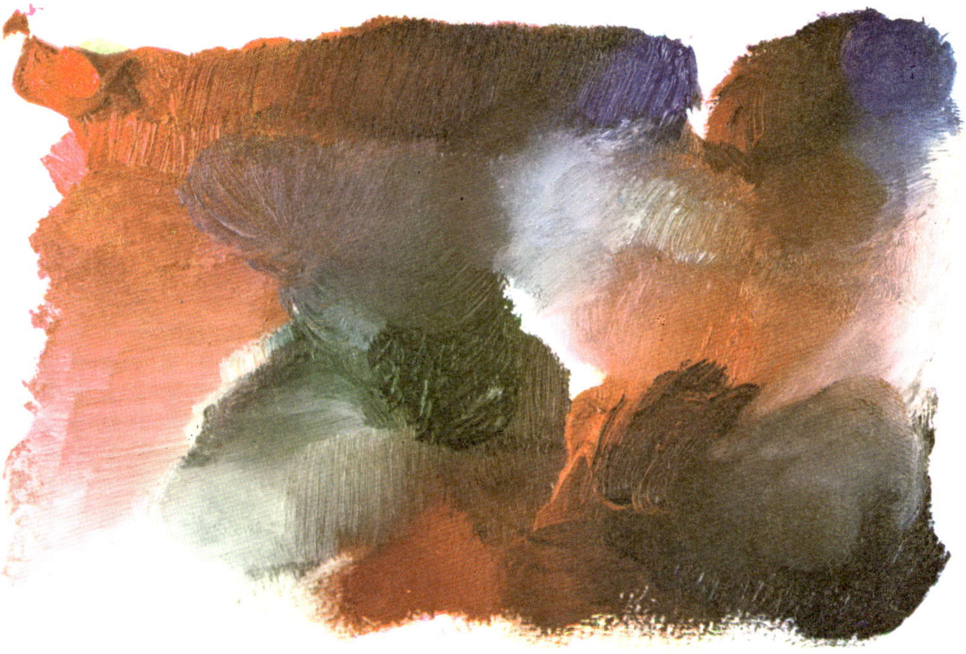

Abbildung 8: Krappkarmin

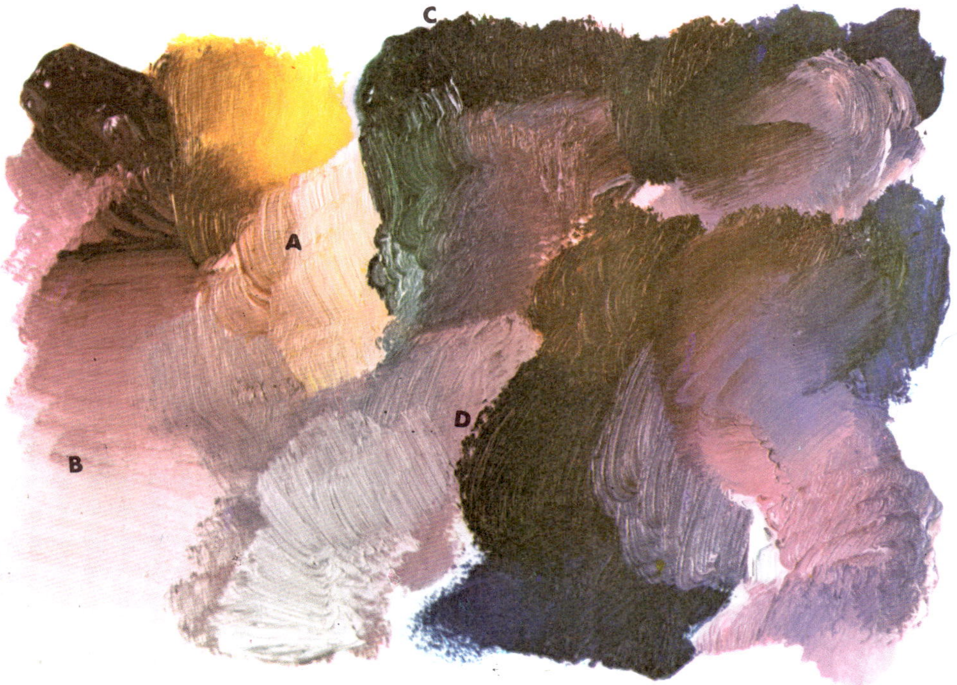

Abgesehen von seiner Rolle beim Mischen von Schwarz, erweist sich Umbra gebrannt als die ideale Farbe, um grelle Farben zu brechen. Mit Umbra gebrannt lassen sich die besten Grautöne herstellen: Das kann in den Händen eines unerfahrenen Hobbymalers zu einer Gefahr werden, ist jedoch für den Kunstmaler, der sich seiner in Maßen - in den unabdingbaren Maßen - zu bedienen weiß, von unschätzbarem Wert. Umbra gebrannt ist eine absolut notwendige Farbe, die Schwarz ersetzt, ohne schwarz zu sein.

Beachten Sie schließlich, daß Umbra gebrannt eine sehr dunkle Farbe ist, mit der sich in der folgenden Verbindung ein perfektes Schwarz herstellen läßt:

Umbra gebrannt + Karmin + Preußischblau = Schwarz

Wie Sie sicher bereits begriffen haben, kann man diesem Schwarz je nach der Farbe des Modells einen Blau- oder Braunstich verleihen.

SMARAGDGRÜN

Grün ist so wichtig, daß ich ihm ohne weiteres dieselbe Bedeutung wie den Grundfarben Blau, Rot und Gelb zubillige. Auf Grün kann man beim besten Willen nicht verzichten und erst recht nicht auf jene Nuance, die man als Smaragdgrün bezeichnet. Dabei handelt es sich um ein blaustichiges Grün (siehe Abbildung 10), das sich für alle Mischungen eignet, die zu einer breiten Grünskala mit Gelb führen sollen, aber auch zum Grünfärben von Blautönen in Verbindung mit Kobaltblau, Ultramarin und Preußischblau.

Die Mischung mit Weiß führt zu einem zarten Blaugrün, das unter Hinzugabe von Zitronengelb die Herstellung eines herrlich leuchtenden blassen Grüns ermöglicht.

Verbindungen mit Blau und Weiß führen zu sehr reichen Grünblauskalen, die, gemischt mit Gelb, eine sehr breite Grünskala ergeben. Beachten Sie die mit Smaragdgrün getönten Blaunuancen in der Abbildung! Außerdem ergibt dieses Grün, wie wir bereits gesehen haben, in Verbindung mit Umbra gebrannt, Karmin und Preußischblau ein samtartiges Schwarz (B).

Smaragdgrün taucht in zahlreichen hellen und dunklen Schatten auf und macht sie transparent. Die Farbe befindet sich auf der Palette jedes erfahrenen Künstlers. Es ist das einzige Grün, auf das Sie nicht verzichten können, wenn Sie alle nur vorstellbaren Grüntöne erzielen möchten.

ABBILDUNG 9: UMBRA GEBRANNT

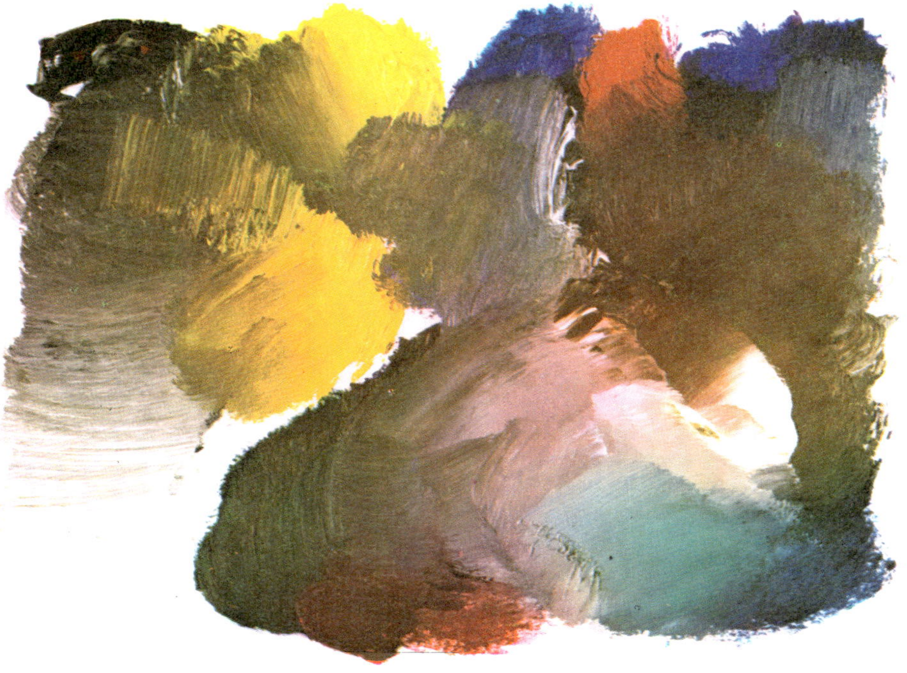

ABBILDUNG 10: SMARAGDGRÜN

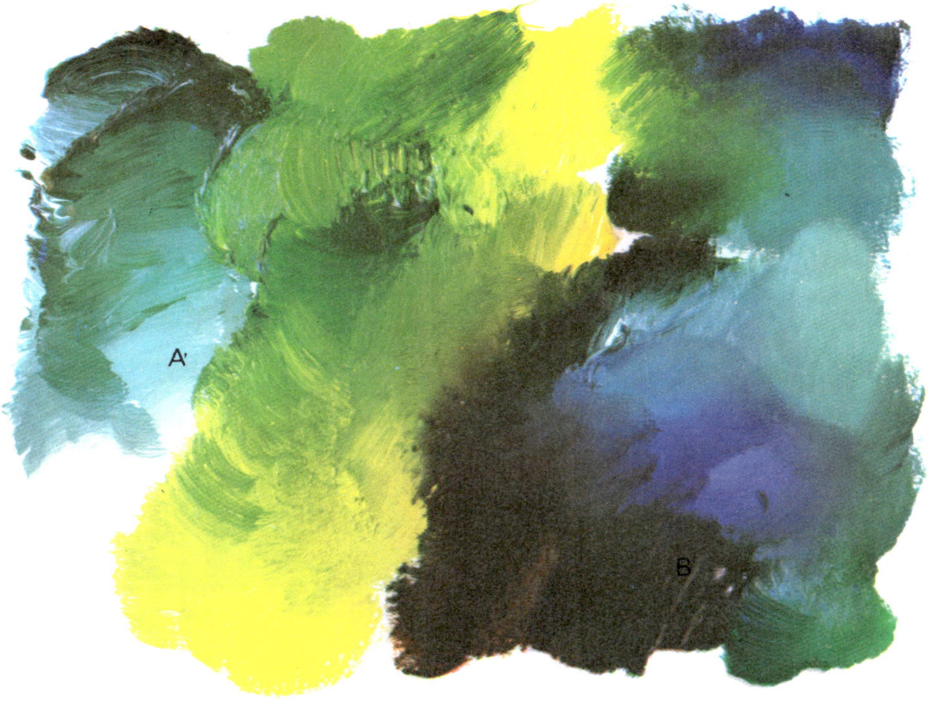

KOBALTBLAU DUNKEL

ULTRAMARIN DUNKEL

PREUSSISCHBLAU

Zum Abschluß wollen wir die charakteristischen Merkmale der drei Blau untersuchen, die in der Malerei am meisten verwendet werden.

Zunächst sei darauf hingewiesen, daß Kobaltblau und Ultramarin auch in helleren Tönen hergestellt werden. Außerdem soll nicht unerwähnt bleiben, daß sich die chemische Verbindung von Preußischblau mit der Zeit verändert. In gewissen Mischungen mit Gelb und Rot dunkelt es etwas nach. Es ist ziemlich aufdringlich. Das sollte man wissen, um für die Zukunft vorbereitet zu sein.

Die Mischungen dieser drei Blau mit anderen Farben sind schon in den vorigen Abbildungen beschrieben worden. Wir beschränken uns hier daher auf die unterschiedlichen Nuancen der drei Farben und ihren Einfluß auf die Mischungen mit anderen Farben.

Um die jeweilige Wirkung sichtbar zu machen, habe ich die Blau mit Weiß abgestuft und anschließend mit Karmin und etwas Weiß gemischt, um mit jeder Farbe ein Violett zu erreichen. (Betrachten Sie die Wirkung der Farben auf den Abbildungen 11, 12 und 13.) Ich hoffe, die Reproduktion macht folgende Unterschiede deutlich:

1. *Kobaltblau ist neutral*
2. *Ultramarin besitzt einen Violettstich*
3. *Preußischblau besitzt einen Grünstich.*

Diese Unterschiede sollten Sie in der Praxis berücksichtigen.

KOBALTBLAU: DAS BLAUESTE BLAU

Um sich eine Vorstellung von diesem "blauen Blau" zu machen, vergleichen Sie diese Farbe einmal mit den anderen Blaunuancen irgendeiner Farbe, zum Beispiel in den Schatten eines Modells. Dann stellen Sie fest, daß Kobaltblau immer dann verstärkt auftritt, wenn diese Schatten besonders leuchtend, transparent und rein und unbeeinflußt von den Reflexen anderer Farben sind. Denken Sie an einen Körper - ein Haus, ein Kleidungsstück, ein Denkmal - von einem leuchtenden Weiß wie das gekalkter Mauern an einem strahlenden klaren Sonnentag. Dann können Sie sicher sein, daß sich in den Schatten dieses Körpers, seien sie grau, violett oder bläulich, auch Kobaltblau befindet. Oder stellen Sie sich einen leuchtend - blauen Fleck in der Natur vor, der der prallen Sonne ausgesetzt ist. Auch hier taucht Kobaltblau auf. Es ist ein neutrales Blau voller Licht und Reinheit, nicht so kraftvoll und aufdringlich wie das Preußischblau, sondern fein und sanft.

ABBILDUNG 11: KOBALTBLAU DUNKEL

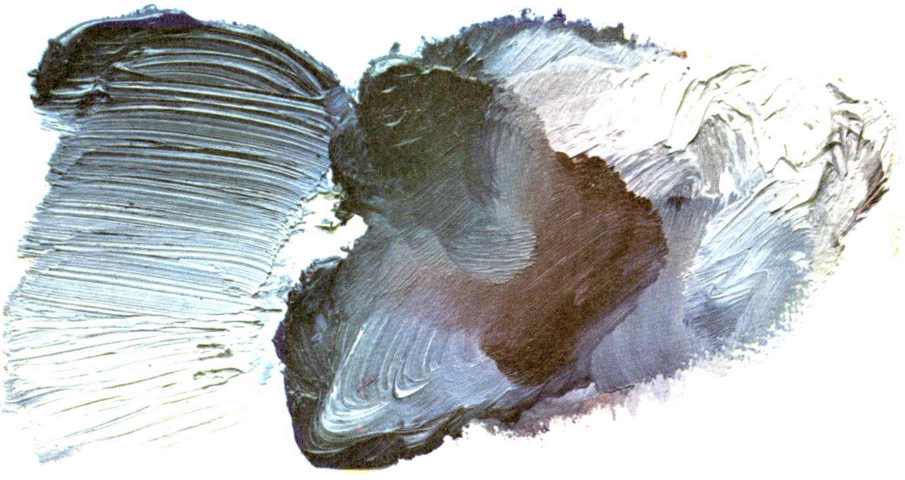

ABBILDUNG 12: ULTRAMARIN DUNKEL

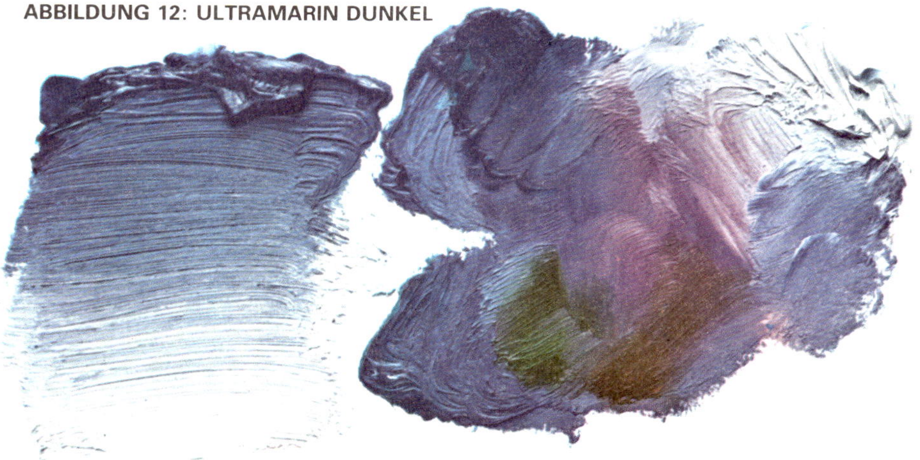

ABBILDUNG 13: PREUSSISCHBLAU

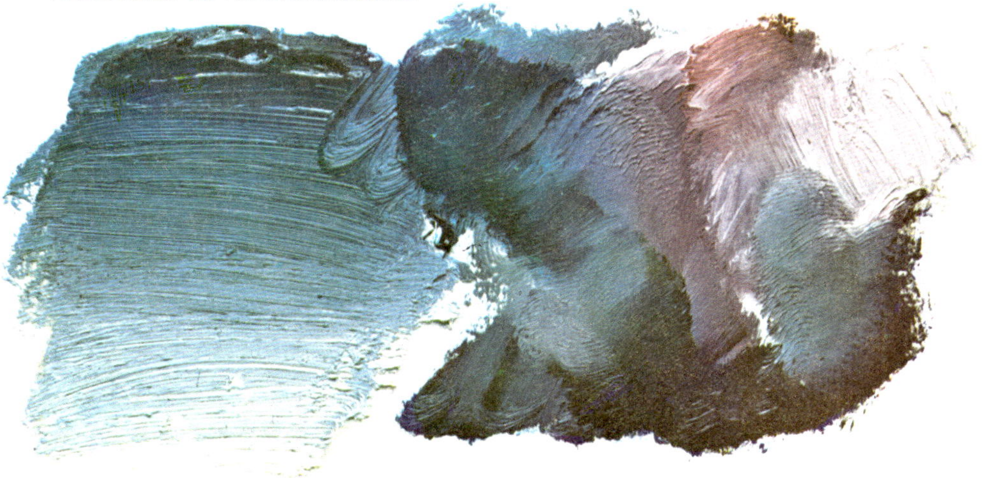

ULTRAMARIN: EIN VIOLETTES BLAU

Malen Sie ein Grau mit Kobaltblau und ein Grau mit Ultramarin, stellen Sie fest, daß sich beim zweiten Grau deutlich Karmin bemerkbar macht, als wäre es tatsächlich Bestandteil des Ultramarins. Diese Neigung zu Karmin erklärt, weshalb man Ultramarin vor allem in den deckenden, festen und selbst dunklen Schatten verwenden sollte.

Ultramarin ist nicht das Blau des reflektierten Lichtes, sondern der etwas toteren Farben. Es ist das Blau der tiefen Gewässer, der Schatten und des entfernten Lichtes, ein Blau, das die Körper kälter erscheinen läßt. Aber verlieren wir uns hier nicht in den Unterschieden, die letztlich doch Haarspaltereien sind. Sie müssen in jedem Einzelfall erkennen, ob das Blau und die dunklen Stellen an Ihrem Modell, die Blau erfordern, zu neutralem Kobaltblau neigen oder zum violettstichigen Blau des Ultramarins. Und dann handeln Sie entsprechend.

PREUSSISCHBLAU: EIN LEUCHTENDES BLAU

Dieses Blau färbt am meisten; es beeinflußt am stärksten und ist die heftigste der drei Farben. Preußischblau ist ein sehr intensives Blau, das alle anderen Farben übertönen kann, vorsichtig angewendet jedoch Töne von einer außerordentlichen Transparenz ergibt. Die Farbe ist grell und gefährlich, wenn man sie dominieren läßt. Aber sehen Sie selbst, welche herrlichen Grün (Abbildung 2 und 10), welche Schwarz und Grau (Abbildung 9 in den Mischungen mit Umbra gebrannt), welche Brauntöne und wirklich leuchtenden Violett man damit erzielen kann.

In Verbindung mit Weiß neigt Preußischblau zweifellos zum Grauwerden, frischt aber gleichzeitig jede Farbe auf, mit der es gemischt wird. Denken Sie daran, wenn Sie dunkle Töne oder die Farben der Schatten malen. Benutzen Sie Preußischblau aber nicht zuviel, sonst erhalten Sie zu grelle Farben, die der künstlerischen Harmonie Ihres Bildes schaden könnten. Berücksichtigen Sie dagegen, daß man es auch mit anderen Blau mischen kann.

* * *

Und Schwarz? Gibt es bei den Ölfarben kein Schwarz?

Natürlich gibt es das. Aber weshalb sollte man es benutzen, wenn man dabei Gefahr läuft, alles grau und schmutzig werden zu lassen, um so mehr, als man es - wie wir gesehen haben - im künstlerischen Interesse besser selbst aus Karmin, Umbra gebrannt, Smaragdgrün oder Preußischblau mischt?

Sollte man Schwarz also ganz weglassen? Beim Malen mit Ölfarben im Augenblick in der Tat. Später, wenn Sie erst über mehr Erfahrung verfügen, können Sie in gewissen Fällen oder um eine ganz besondere Wirkung zu erzielen, schon einmal darauf zurückgreifen.

UND JETZT - JA, JETZT KÖNNEN WIR WIRKLICH MALEN!

Wir kennen jetzt die Eigenarten der Farben, die normalerweise von

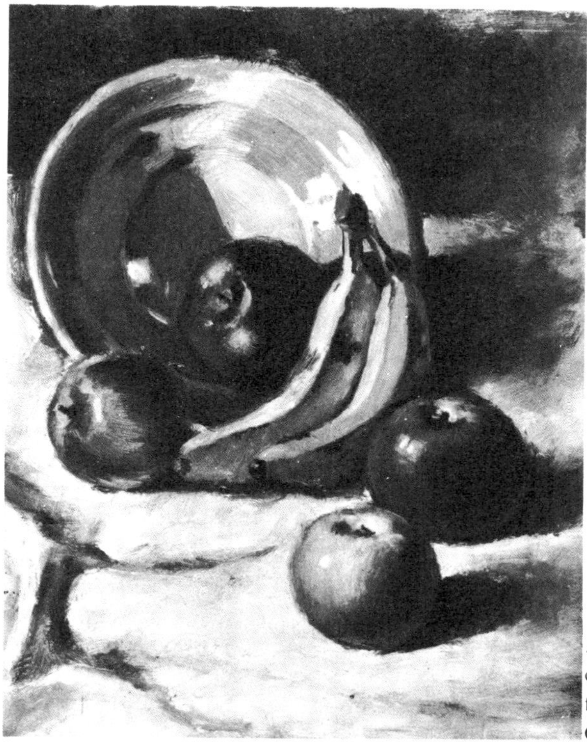

Abbildung 14: Hier ein geeignetes einfaches Modell zum Studium der Schattenfarben. Es wurde bei Tageslicht mit Ölfarben gemalt.

Wählen wir unser Modell:

Kunstmalern verwendet werden. Wir können daher ohne Schwierigkeiten malen und diese Unterweisung über die Farben mit der Praxis fortsetzen.

Hier ein einfaches Thema: ein gelber Keramikteller, zwei Bananen und vier rote Äpfel auf einem weißen Tischtuch. Das Licht fällt von der Seite und erzeugt Schatten, denn deren Farben wollen wir untersuchen und analysieren (Abbildung 18). Darin besteht unsere Aufgabe.

WIE MAN DIE FARBEN DER SCHATTEN MALT

Ich bin gerade beim Malen. Und wieder frage ich mich: “Welche Farbe ist das?” Solange ich die Eigenfarbe jedes Gegenstandes male, die beleuchteten Stellen des Tellers, der Äpfel, des Tischtuches, etc., kommt die Antwort ohne Zögern. Das Problem, falls es eines ist, ist nicht schwer zu lösen. Der Teller ist gelbgrün, die Äpfel sind karminrot mit einigen gelben Stellen, das Tischtuch ist weiß. Ob die Farbe meines Tellers oder das Gelb der Bananen etwas von der Eigenfarbe des Modells abweichen, lebhafter sind oder mehr ins Zitronen- oder Orangegelb gehen, ist tatsächlich nicht so wichtig. Es ist ohnehin bekannt, daß nicht zwei Personen eine Farbe vollkommen gleich sehen. Außerdem besitzt jeder Künstler seine eigene Farbpalette, seine eigene, spezifische chromatische Stufenleiter, so daß dasselbe

Thema mit einem Teller und ein paar Äpfeln etc. je nachdem, von wem es gemalt wird, in seinen Lokalfarben von Anfang an gewisse Unterschiede aufweist, die sogar ganz erheblich werden können.

Die Farben der Schatten dulden dagegen keine Variationen. Sie müssen sich völlig der Farbgebung unterordnen. Können Sie wirkliche Schatten malen – Schatten, die in richtiger Beziehung zu den Lokalfarben, den tonalen und den reflektierten Farben stehen –, dürfen Sie von sich behaupten, daß die Malerei für Sie kein Geheimnis mehr darstellt. Dann sind Sie in der Lage, die endgültige Antwort auf die Frage zu geben: "Welche Farbe ist das?"

Bis es soweit ist, sollten Sie sich, wenn immer sich das entscheidende Problem der Farben für die schattigen Stellen ergibt, an folgendes halten:

Die Farbe jedes Schattens besteht immer aus einer Mischung von:

1. Blau, das in allen Schatten vorhanden ist,
2. einem dunkleren Ton der Eigenfarbe des Modells, die ihrerseits gemischt wird mit
3. der jeweiligen Komplementärfarbe der Eigenfarbe.

Um die Anwendung dieser drei Faktoren in der Praxis verständlich zu machen, möchte ich das zuvor genannte Modell nun selber malen, aber auf eine didaktische Weise. Ich will versuchen, anhand von drei Bildern aufzuzeigen, daß sich die drei obenerwähnten Farben tatsächlich in den Schatten befinden. Stellen Sie sich vor, man könnte die drei Etappen einzeln analysieren und dann eine Synthese daraus herstellen. Untersuchen wir also zunächst die Anwesenheit von Blau in den Schatten.

1. FARBE: BLAU, DAS IN ALLEN SCHATTEN VORHANDEN IST. "ALLES IST WIRKLICH BLAU."

So hieß es im ersten Kapitel bei der Untersuchung des wichtigen Faktors "Stärke des Lichtes". Wir haben dort aufgezeigt, daß eine Verringerung des Lichtes zu einer Abschwächung der Farbe führt. Und wir fügen hinzu:

Die Verringerung der Stärke des natürlichen Lichtes führt zu einem bläulichen Licht, das alle Farben mit Blau überzieht.

So ist es wirklich. Man braucht dazu nur eine Landschaft in der Dämmerung zu betrachten, wenn das Abendlicht auftaucht. Dann erkennt man,

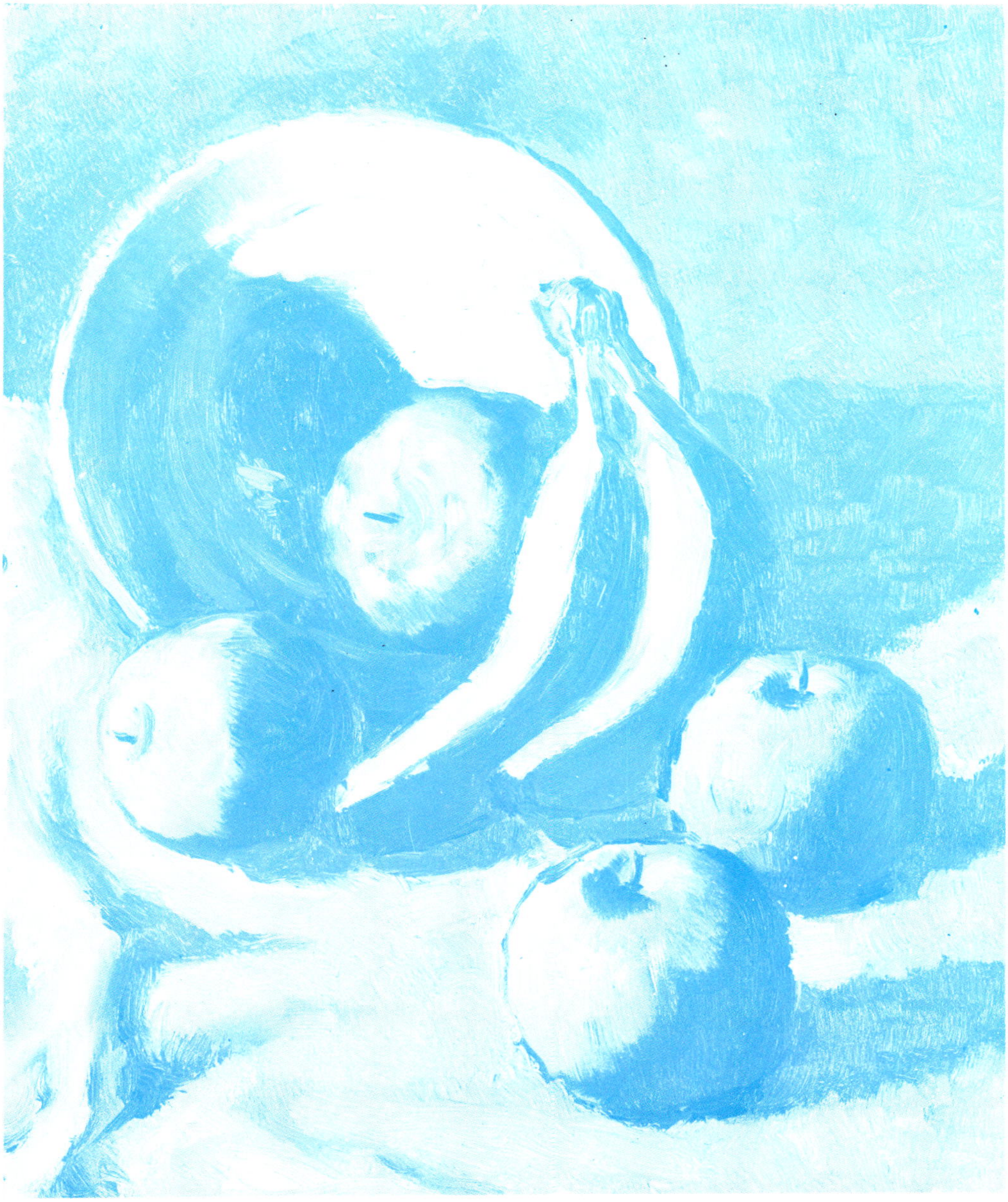

Abbildung 15: Hier ein Beispiel für das Eingreifen von Blau in alle Farben des Modells und insbesondere in den Schatten. Erinnern Sie sich stets an diesen entscheidenden Einfluß, und betrachten Sie es auch ohne Analyse der Farben unseres Modells als Prinzip, daß Blau sowohl in den Mischungen der Eigenfarben als auch in den Farben der Schatten unbedingt vorhanden sein muß.

daß alle Körper einen Dunkelblaustich bekommen, daß alle Farben mit Blau gemischt zu sein scheinen, daß alles wirklich blau ist.

Betrachten Sie das Blau in Abbildung 15 auf der gegenüberliegenden Seite. Die Farbe taucht also in erheblichem Maße in der Darstellung unseres Themas auf. Beachten Sie, daß selbst die Eigenfarben wie das Ocker, das Karmin der Äpfel und sogar das Weiß des Tischtuches dem Einfluß von Blau unterliegen.

Achten Sie vor allem darauf, wie intensiv das Blau in den Schattenpartien wird. Vergessen Sie nie: *Schatten sind im allgemeinen blau.* Stellen Sie beim Betrachten Ihres Modells selber fest, ob dieses Blau rein und neutral wie Kobaltblau, grünlich wie das Preußischblau oder violett wie Ultramarin sein muß. Die Eigenfarbe und die reflektierte Farbe, die Sie gerade malen, geben Ihnen die Antwort. Wenn Sie beachten, daß Kobaltblau und Preussischblau die Schatten aufhellen, während Ultramarin dazu neigt, sie grauer zu machen, und die Farben abschwächt, sind Sie ohne weiteres in der Lage, den entsprechenden neutralen, grünlichen oder violetten Ton zu bestimmen.

2. FARBE: EIN DUNKLERER TON DER EIGENFARBE "ZITRONENGELB, ORANGEGELB, SIENA, ROTVIOLETT UND SCHWARZ."

Im vorigen Kapitel haben wir unter dem Titel "Gebrauch und Mißbrauch von Schwarz" die richtige Abschattung von Farben untersucht. Dabei haben wir festgestellt, daß diese auf der Basis einer Spektralabstufung erfolgen muß. Darauf beziehe ich mich jetzt, wenn ich erkläre, daß in allen Schatten ein dunklerer Ton der Eigenfarbe eines Körpers existiert.

Sie wissen bereits, was man unter der Eigenfarbe versteht: Es ist die ursprüngliche Farbe, das Rot der Tomate, das Gelb der beiden Bananen etc. Ihnen ist ebenfalls bekannt, was man unter einem dunkleren Ton der Eigenfarbe zu verstehen hat. Bei den Bananen kann es sich zum Beispiel um ein Gelbocker oder ein rötliches Siena oder eine dunkle Erdfarbe etc. handeln. (Siehe die Abstufung des Gelbs im vorigen Kapitel.)

Auf der gegenüberliegenden Abbildung sehen Sie das Stilleben mit Teller, Bananen und Äpfeln, das ich mit einem dunkleren Ton der Eigenfarbe gemalt habe.

Betrachten Sie zum Beispiel die Farbe des Keramiktellers. Für die Stellen, die vom Licht beschienen werden, habe ich Gelbocker gewählt, für die Schattenzonen habe ich dieselbe Farbe genommen, nur einen Ton dunkler, also ein helles Siena. Die Bananen zeigen an den beleuchteten Stellen ein lebhaftes Gelb. Die Schattenpartien sind mit demselben Gelb gemalt worden, aber einen Ton dunkler, also mit Orangeocker. Dasselbe läßt sich auch von den Äpfeln sagen.

Nebenbei sollten Sie auf die bildhafte Wirkung der reflektierten Farben achten, die eine wichtige Rolle im Spiel von Licht und Schatten innehaben.

Sehen Sie sich das Ergebnis an. Nachdem die Eigenfarben jedes einzelnen Körpers abgedunkelt worden sind, haben die Gegenstände Volumen und Tiefe erhalten... Aber sie zeigen noch nicht die besonderen Eigenarten

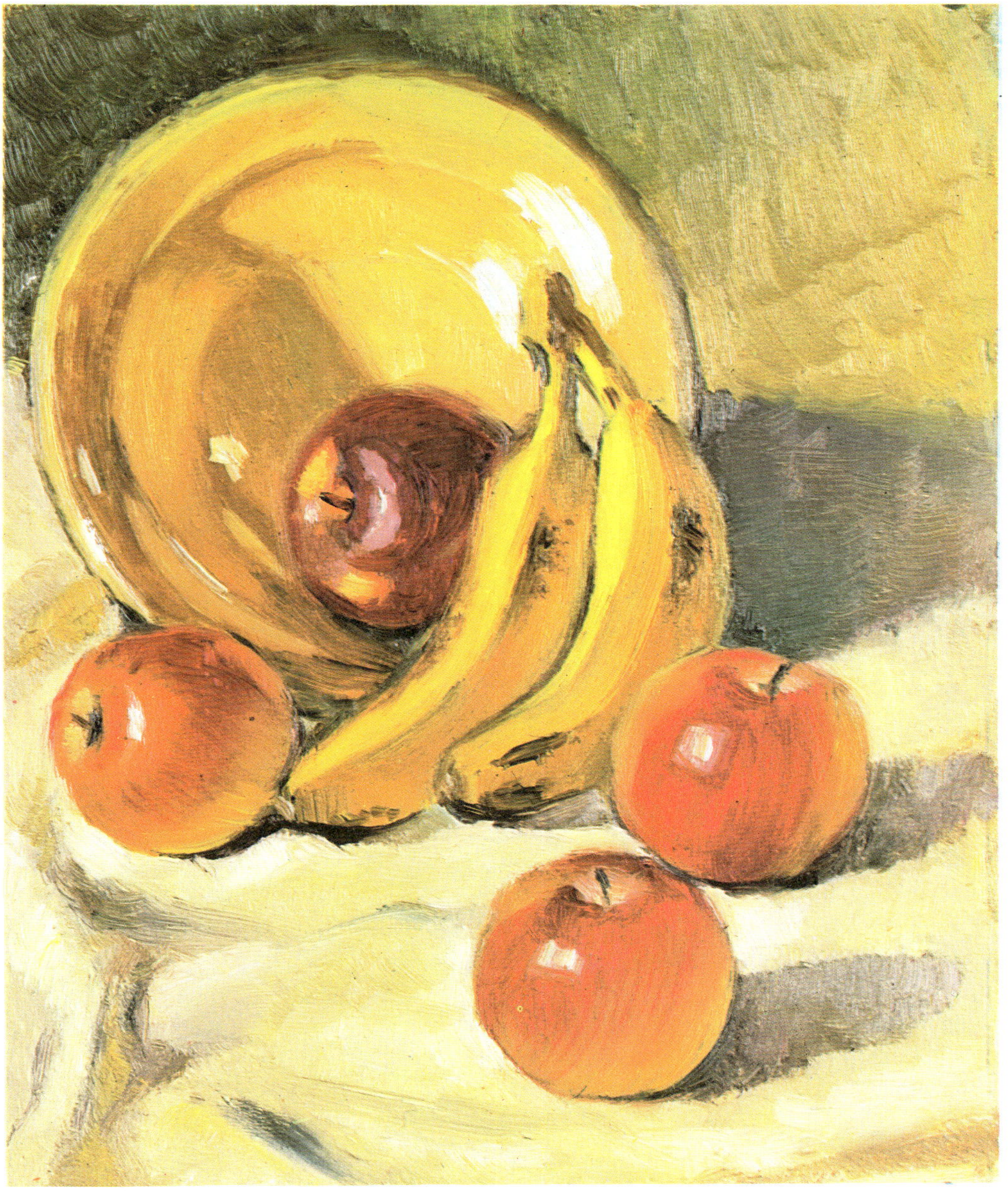

Abbildung 16: Hier macht sich die Eigenfarbe der Körper in den Schatten bemerkbar, aber in einem dunkleren Ton. Das heißt, die Abschattung der Eigenfarbe erfolgt innerhalb der Skala des Spektrums, die Abbildung 18 des vorigen Kapitels zeigt. (Betrachten Sie diese Illustration noch einmal.) Beachten Sie jedoch, daß die in dieser Farbskala gemalten Körper zwar Volumen erhalten; um ein besseres Ergebnis zu erzielen, muß einerseits jedoch noch Blau hinzugefügt werden, andererseits fehlt in den Schatten die Komplementärfarbe der beleuchteten Eigenfarben.

der Schattenfarben. Ganz offensichtlich ist das Resultat noch nicht ideal. Dazu fehlt einerseits die Mischung mit Blau, von der bereits die Rede war; außerdem muß noch die Komplementärfarbe jeder einzelnen Eigenfarbe hinzugefügt werden. Diese wollen wir jetzt genauer untersuchen.

Beachten Sie zunächst den etwas altmodischen Aspekt des Bildes, das ich im Augenblick male, der sich vor allem in den Eigenfarben und in den dunkleren Tönen der Eigenfarben zeigt. Diese Farbgebung erinnert ein wenig an die der alten Meister, die reichlich Sepia in den Schatten verwendeten. Damals war jene Entdeckung noch nicht gelungen, die die gesamte Technik der Malerei revolutionieren sollte: das Eingreifen und die praktische Einarbeitung der Gesetzmäßigkeit der Komplementärfarben in die Schattenzonen.

3. FARBE: DIE KOMPLEMENTÄRFARBE DER EIGENFARBE
DIE MALWEISE DER IMPRESSIONISTEN

Auf dem Gebiet der Farben stellen die mit Hilfe der Komplementärfarben der beleuchteten Körper gemalten Schatten das Charakteristische in der Malweise der Impressionisten dar. Malte man das Bild mit dem Teller, den Bananen und den Äpfeln strikt nach dieser bis zum äußersten getriebenen Theorie, erhielte man das auf der gegenüberliegenden Seite abgebildete Ergebnis (Abbildung 17). Ich habe versucht, das Thema nach Art und Weise der Impressionisten zu malen, ohne mich um die formelle Genauigkeit zu kümmern. Dabei habe ich (entsprechend dem Stil gewisser Bilder von Toulouse-Lautrec, Cézanne und vor allem Vincent van Gogh) die Konturen mit einem schwarzen Strich betont und voneinander abgehoben, die Farben mit breiten Pinselstrichen angelegt und immer nach einer hellen, leuchtenden Farbgebung gesucht (zum Beispiel in den Farben des Hintergrunds, des Tischtuches und des Tellers selbst, der mit einem Zitronengelb statt mit Grüngelb angelegt wurde etc.).

Es ist nicht zu leugnen, daß das entsprechend den Regeln der Komplementärfarben gemalte Bild in den Schatten außerordentlich kontrastreich ist und große Leuchtkraft besitzt. Das ist völlig normal, denn zum einen ergeben sich diese Kontraste aus der Nebeneinanderstellung von sehr entgegengesetzten, sehr unterschiedlichen Farben, nämlich den Komplementärfarben; zum anderen bewirkt diese Nebeneinanderstellung aufgrund der "Sympathie der Komplementärfarben", von der im vorigen Kapitel die Rede war, die höchstmögliche Steigerung und Induktion.

Die Impressionisten wußten sich dieses Phänomens zu bedienen und haben in ihren Bildern wahre Sinfonien aus Licht und Farbe geschaffen. Auch Sie können sich diese Wirkung der Nebeneinanderstellung von Komplementärfarben, die Anwesenheit dieser Farben in den Schatten und die Effekte der polaren Kontraste zunutze machen (wie Abbildung 17 es zeigt).

Ich kann Ihnen heute jedoch noch nicht raten, mit derartig grellen Farben zu arbeiten. Aber Sie sollten sich zu gegebener Zeit daran erinnern, um langsam zu einer aktuelleren und moderneren Auffassung der Farben und der Bilder zu gelangen. Versuchen Sie, diese Leuchtkraft, diese Farbenfreude zu erreichen, die sich aus der Wissenschaft der Komplementärfar-

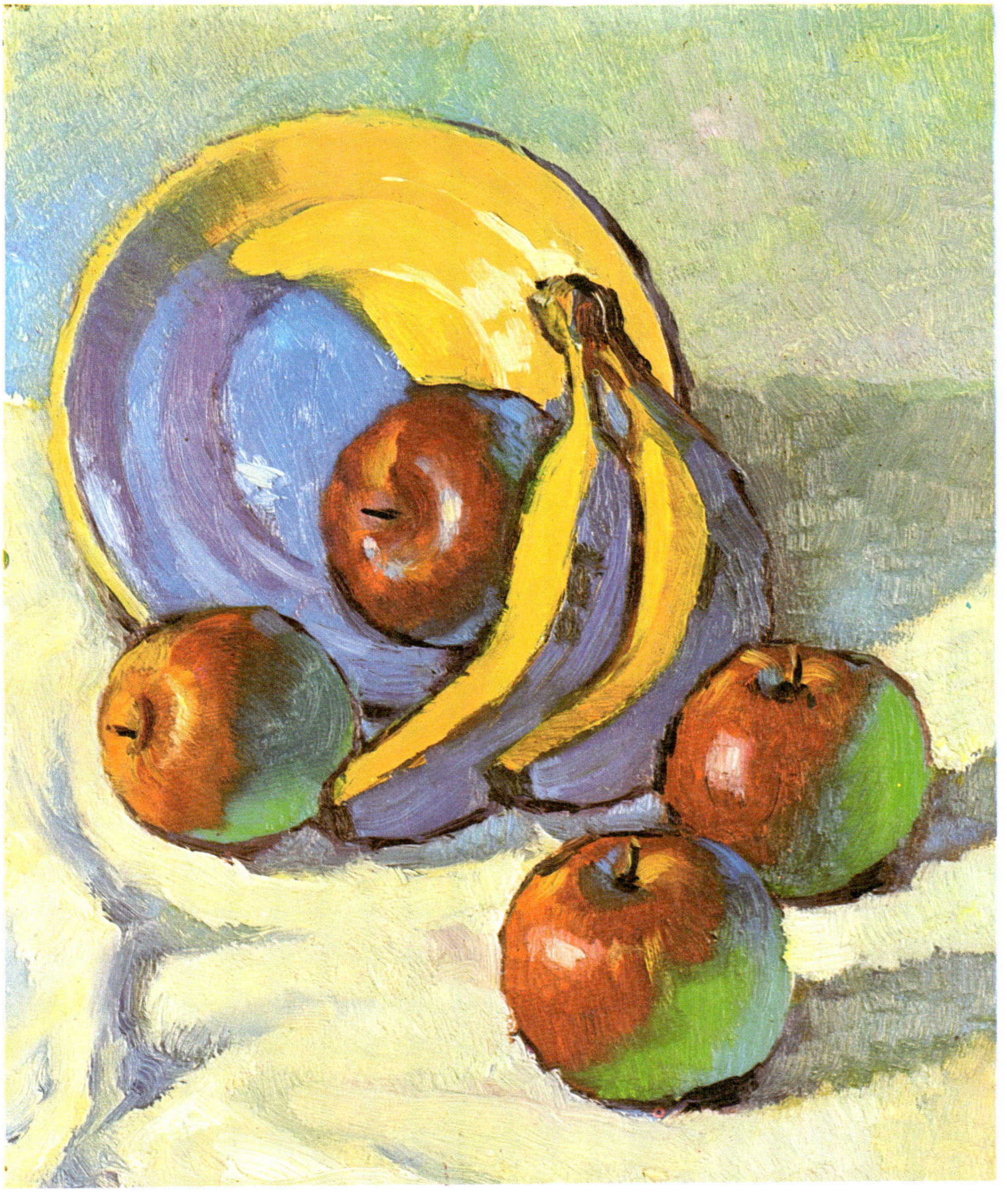

Abbildung 17: Hier wurden die Schatten mit den Komplementärfarben jeder einzelnen Eigenfarbe angelegt. (Die Schatten des gelben Tellers wurden zum Beispiel blau gemalt, die der Äpfel mit Grün als Komplementärfarbe von Purpur etc.). Dies führt zu einem sehr kontrastreichen, in den Schatten außerordentlich leuchtenden Bild. Das Beispiel beweist die Notwendigkeit von Komplementärfarben in den Schatten und zeigt gleichzeitig den Einfluß dieser Regel auf die Impressionisten.

ben und ihrer Anwendung ergibt. Doch auch wenn die heftigen Kontraste eine bildhafte Wirkung erzeugen und es sich um eine moderne Auffassung der Malweise handelt, kann niemand Sie zwingen, diese Regeln vollständig zu übernehmen, falls Sie einen akademischeren Stil bevorzugen.

Wer sagt uns, daß wir nicht vielleicht mit einer Verbindung der beiden Malweisen die wahren Farben der Schatten finden?

Wir werden es jetzt anhand der Analyse des fertiggestellten Bildes feststellen.

DAS FERTIGE BILD

Abbildung 18 zeigt das fertige Gemälde. Es ist das Ergebnis einer Kombination der drei untersuchten Faktoren.

1. FARBE: DAS BLAU. Beachten Sie die Bedeutung des Blaus, das in allen Schattenstellen des Bildes vorhanden ist, angefangen von den Schatten der Gegenstände auf dem Tischtuch. Sehen Sie sich an, inwiefern das Blau den Schatten auf dem Keramikteller beeinflußt. Betrachten Sie diese Schattenfarben noch einmal auf Abbildung 16, und versuchen Sie, diese in einem Blauton zu mischen, der dem auf Abbildung 15 gleicht. Sie begreifen, worum es geht, nicht wahr? Aus der Mischung von Blau und hellem Siena entsteht beinahe ohne Hinzugabe der Komplementärfarbe (die in jedem Fall ebenfalls ein Blau ist) die endgültige Farbe der Schattenstellen des Tellers: ein grünliches Ocker aus Ocker und Blau. Stellen Sie die gleichen Untersuchungen über die Schattenfarben der Bananen und der Äpfel an.

2. FARBE: EIN DUNKLERER TON DER EIGENFARBE. Weder das Blau an jenen Stellen, an denen sich kein Licht befindet, noch die Induktion und der Einfluß der Komplementärfarben, ja nicht einmal die Anwesenheit der von anderen Körpern reflektierten Farben können die Eigenfarbe eines Gegenstandes restlos ausschalten. Dieses Phänomen ist uns bereits auf dem Polyeder in Abbildung 12 des ersten Kapitels dieses Buches begegnet, als wir die tonalen Farben untersuchten. Wir haben festgestellt, daß die Schatten die Eigenfarbe verändern, ohne sie jedoch völlig auszulöschen. So dunkel der Schatten der Äpfel auf unserem Bild auch sein mag, man erkennt immer noch den Einfluß des lebhaften Rots der beleuchteten Stellen des Apfels. Trotz des deutlichen Blaustichs der Falten und der im Schatten liegenden Stellen des Tischtuches bleibt Weiß in einem dunkleren Ton bestehen. Das bedeutet hier die Verwendung von Grau, das deutlich in den genannten Schattenzonen auftrifft.

3. FARBE: DIE KOMPLEMENTÄRFARBE DER EIGENFARBE. Beachten Sie die Wirkung der drei Faktoren, die stets gemeinsam in den Schatten auftreten, auf das fertige Bild. So finden sich zum Beispiel im Eigenschatten des Keramiktellers neben dem Blau und der um einen Ton abgeschatteten Eigenfarbe gewisse Violettöne, die sich aus der Eigenfarbe des beleuchteten Körpers ergeben. In den Schattenzonen des Apfels erkennen Sie den Einfluß der Komplementärfarbe von Rot (das Grün), die in der Mischung mit Blau und der abgeschatteten Eigenfarbe zu einer Skala von

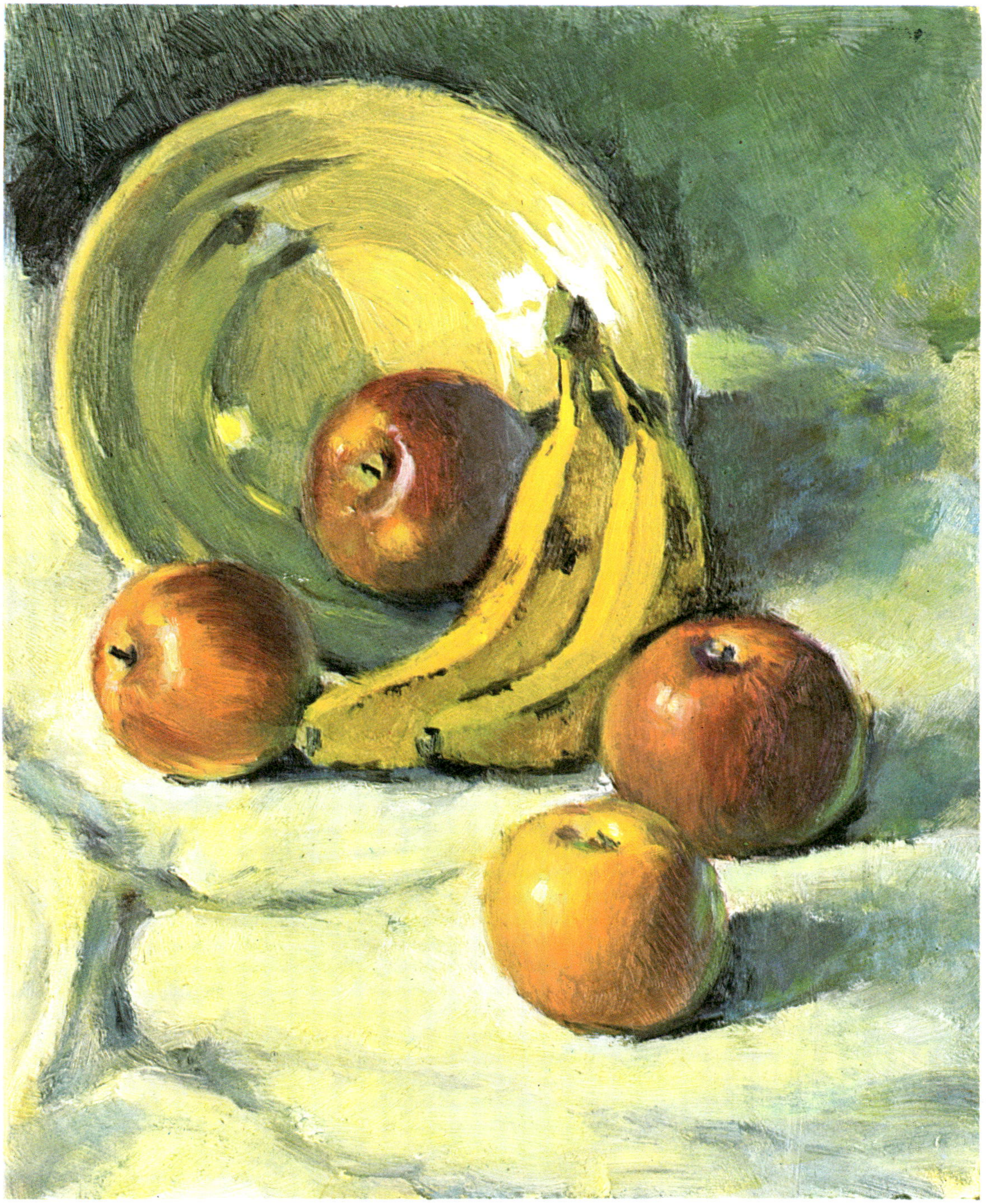

Abbildung 18: Versuchen Sie, in den Farben der Schatten die Verbindung der drei Faktoren zu erkennen, die wir untersucht haben: das Blau, einen dunkleren Ton der Eigenfarbe und die Komplementärfarbe der Eigenfarbe.

Karmin-, Siena-, Dunkelbraun- und selbst von Rotgoldtönen führt, wie wir sie auf dem Apfel im Vordergrund erkennen. Beachten Sie auch den wesentlichen Anteil der Komplementärfarben in dem reflektierten Licht auf den Äpfeln: Es ist eindeutig bläulich und grünlich. Vergleichen Sie diese Töne mit denen auf Abbildung 17.

Damit sind wir am Ende unseres Studiums der Gesetze und Regeln der Farbenlehre. Es bleibt noch ein letzter Aspekt der Kunst der Malerei: die Harmonisierung der Farben (die Farbakkordik). Bis wir dazu kommen, legen Sie bitte keine Ruhepause ein. Begnügen Sie sich nicht mit der Lektüre dieser Kapitel. Denn eines ist gewiß:

DIE THEORETISCHEN KENNTNISSE ALLEIN GENÜGEN NICHT.

Man muß die bisher genannten Faktoren und alles, was mit ihnen zusammenhängt, kennen und untersuchen. Aber das allein reicht nicht aus. Gleichzeitig muß man die Kenntnisse in die Praxis umsetzen und malen, mit den Farben und dem Modell ringen, sich täuschen, verbessern, zum Studium zurückkehren und immer wieder malen.

Sie verfügen jetzt über ausreichende Kenntnisse, um sich an eigene Versuche und Erfahrungen heranwagen zu können.

Viertes Kapitel
Harmonische Farbskalen
Harmonische und disharmonische Faktoren
Konsonanzen und Dissonanzen
Praktische Anwendung

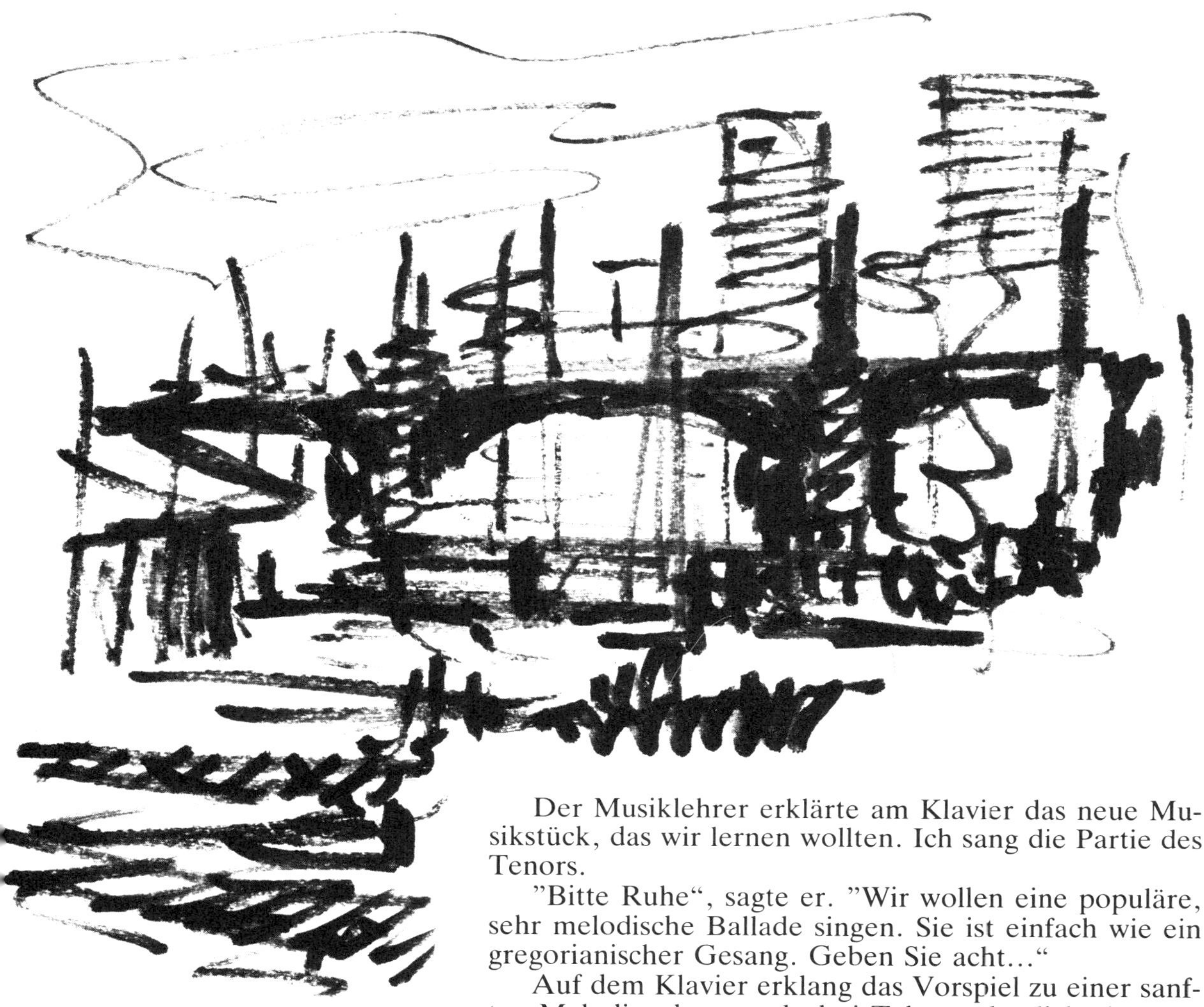

Der Musiklehrer erklärte am Klavier das neue Musikstück, das wir lernen wollten. Ich sang die Partie des Tenors.

"Bitte Ruhe", sagte er. "Wir wollen eine populäre, sehr melodische Ballade singen. Sie ist einfach wie ein gregorianischer Gesang. Geben Sie acht..."

Auf dem Klavier erklang das Vorspiel zu einer sanften Melodie; dann nach drei Takten plötzlich eine Art Orgelakkord: f, a, c. Das "a" besaß ein Auflösungszeichen, es klang wie eine Klage.

"Zu Beginn ist dieses 'a' die dominierende Note. Achtung: die ganze Trauer des Liedes rankt sich um diesen Ton."

Vor der Einfahrt in unseren Bahnhof gibt es eine große Brücke, über die unablässig Nah-, Fern- und Güterzüge rollen.

Dort stand ich und wollte malen. Ich hatte auf solch einen bleifarbenen Himmel wie heute gewartet. So hatte ich mir das Bild vorgestellt: sehr schmutzig, kalt, metallen, mit diesem dominierenden Ton, der alles mit Grau durchtränkt.

"Die Tenöre intonieren die Melodie; die anderen, die Bässe und Baritone - d, g, h -, beginnen eine Terz tiefer, um einen Kontrast zur Melodie zu schaffen."

Ich hatte mir das Bild wie eine perfekte Graumelodie vorgestellt, in der es jedoch einige lebhafte Töne geben sollte wie das Blau des kleinen Wärterhäuschens und die Rottöne des Vordergrunds...

"... Sie fahren bis zum 51. Takt fort. Dort schwillt der Baß plötzlich einige Augenblicke allein an und wird feierlich, ja beinahe fröhlich."

... sowie dieses kräftige Krappkarmin der mittleren Waggons.

"Dann ebbt er wieder ab und überläßt den Platz erneut der traurigen Klage der Tenöre. Verstanden?"
Ich nahm das Notenblatt, und der Chor begann zu singen.

Ich nahm meine Palette und begann zu malen.

Musik - Malerei; Mischung von Tönen - Mischung von Farben: Die Analogie ist unübersehbar. Bei der Analyse der Gesetze der Farbakkordik in der Malerei werden wir feststellen, daß sie den Regeln der Harmonielehre der Musik sehr ähnlich sind.

Bringt man die vier besten Sänger der Welt zusammen und läßt jeden ohne Rücksicht auf den anderen einzeln singen, erreicht man niemals ein gutes musikalisches Ensemble. Das gelingt jedoch, wenn sich alle vier den präzisen Regeln und Gesetzen der Harmonielehre unterwerfen.

Desgleichen können Sie vier außergewöhnlich schöne Farben wählen und stellen trotzdem fest, daß man mit ihnen unmöglich eine gelungene Farbgebung für ein Bild erreicht, wenn man deren Beziehung zueinander nicht ordnet und die Töne und Nuancen nicht in Übereinstimmung bringt.

Aus diesem Grund haben wir die Lektion mit einem Vergleich von Musik und Malerei begonnen. Desgleichen werden wir auf diesen Seiten immer wieder die Harmonie der Klänge mit der Harmonie der Farben in Verbindung bringen. Wir sprechen von Skalen (Tonleitern), Melodien, Haupttönen und Akkorden und erklären, was diese Begriffe in der Musik bedeuten, damit Sie besser verstehen, was sie in der Malerei zu besagen haben.

DIE HARMONISIERUNG DER FARBEN - DIE FARBAKKORDIK: EIN UNABDINGBARES WISSEN FÜR DEN KÜNSTLER

Untersucht man die Werke großer Meister, wird die Notwendigkeit des Studiums der Farbakkordik unübersehbar. Sie weisen eine geradezu perfekte Farbenharmonie auf. Doch diese Harmonie muß sich ebenso den Malgesetzen wie den Besonderheiten des Modells unterwerfen.

Andererseits sollte man bedenken, daß der Künstler, der aus seiner Vorstellungskraft heraus malt, selber Farben schafft, sie miteinander kombiniert und vereint. Er verändert zum Beispiel bei einer künstlerischen Arbeit einen Hintergrund, die Farbe eines Kleidungsstückes oder eines Gegenstandes im Vordergrund, um gemäß den Gesetzen der Komplementärfarben bessere Kontraste zu erzielen. Auf dem Gebiet der Werbung handelt er ebenso; desgleichen bei Buchumschlägen oder Innenzeichnungen von Broschüren, bei Plakaten, Dekorationen von Warenauslagen, Schaufenstern und Kiosken oder wenn er die Farbkombination für einen Innenraum sucht.

Die folgenden Angaben sollen dazu dienen, Ihnen die Antwort auf alle Fragen der Farbakkordik zu geben.

ALLGEMEINE GRUNDSÄTZE DER FARBAKKORDIK

Die Farbakkordik - die Harmonie der Farben - wird uns grundsätzlich von der Natur selbst vorgegeben. Bei jedem Gegenstand herrscht stets ein bestimmtes Farblicht vor, das gewisse Farben zu anderen und alle untereinander in Beziehung setzt. Ein klassisches Beispiel dafür ist eine sonnenbeschienene Landschaft in der Abenddämmerung, wenn die Sonne untergeht. In diesem Fall tönen die Sonnenstrahlen die Körper rötlich oder orange und schaffen zwischen allen Farben, selbst den entgegengesetztesten, eine Verbindung durch diese Nuance. Nimmt man eine andere Uhrzeit und betrachtet man dieselbe Landschaft bei bedecktem Himmel am Nachmittag ohne Sonne, besitzen alle Farben denselben Graustich wie der Himmel. Am Meer werden die Farben vom Blau des Himmels und des Wassers beeinflußt, im Hochgebirge von der Undurchdringlichkeit des Nebels oder der Transparenz eines klaren Tages. Auch das künstliche Licht hat eine solche Eigenschaft, die die Farben in einer ganz bestimmten Weise dämpft: Das normale künstliche Licht ist in der Regel gelb oder orange, das Licht der Leuchtstoffröhren dagegen bläulich oder rosa.

Unsere Aufgabe beim Malen eines Modells besteht darin, die chromatische Tonleiter zu entdecken und unter Ausnutzung der künstlerischen Vorzüge auf die Leinwand zu übertragen. Arbeiten wir nach dem Gedächtnis, besteht unsere Aufgabe darin, uns eine bestimmte Tendenz vorzustellen und in Übereinstimmung mit ihr zu malen. In beiden Fällen müssen wir unsere Palette entsprechend einrichten, um das wesentliche Ziel der Farbenharmonisierung zu erreichen.

Ziel der Harmonisierung der Farben ist es, die Übereinstimmung einer Farbe mit einer anderen oder mehrerer Farben untereinander zu erreichen, um dadurch das Bild für das Auge angenehm zu machen.

Diese harmonischen Akkordbeziehungen der Farben erreicht man im wesentlichen durch Kenntnis und Anwendung der verschiedenen Farbskalen.

DIE FARBSKALA (TONLEITER)

Der Begriff Tonleiter stammt aus der Musik, in der die Töne entsprechend einer Stufenleiter - c,d,e,f,g,a,h,c - geordnet sind. Deshalb läßt sich sagen:

Das Wort Skala oder Tonleiter bedeutet ursprünglich eine Folge von Tönen in einer ganz bestimmten Anordnung, die als vollkommen betrachtet wird.

Übertragen wir den Ausdruck auf die Malerei, bedeutet er die Reihenfolge der Farben im Spektrum, wobei man davon ausgeht, daß diese durch die Zerlegung des Lichtes gewonnene Anordnung ebenfalls perfekt ist. Man braucht nur Abbildung 1 dieses vierten und letzten Kapitels zu betrachten, um die Bestätigung für diese Feststellung zu erhalten. Dort sehen Sie die Spektralfarben in einer breiten Folge. Sie umfaßt neben den Grund- und Zweitfarben auch die Drittfarben der Pigmentfarben. Von links nach rechts:

Purpur, Karmin, Rot, Orange, Gelb, Hellgrün, Grün, Smaragdgrün, Zyanblau, Ultramarin, Dunkelblau und Violett.

Stellen wir uns jetzt die Umsetzung dieser Farben in Töne, zum Beispiel in eine Reihe von Grautönen vor, deren Werte mit der Anordnung und den Tönen des Spektrums übereinstimmen (Abbildung 22). Auch dann erhalten wir eine perfekt geordnete Reihenfolge.

Abbildung 1: Skala aus allen Farben des Spektrums in einer perfekten Anordnung.

Abbildung 2: Skala der Grautöne entsprechend den Farben des Spektrums.

Abbildung 3: Skala eines Teils des Spektrums, hier die Farbe Gelb.

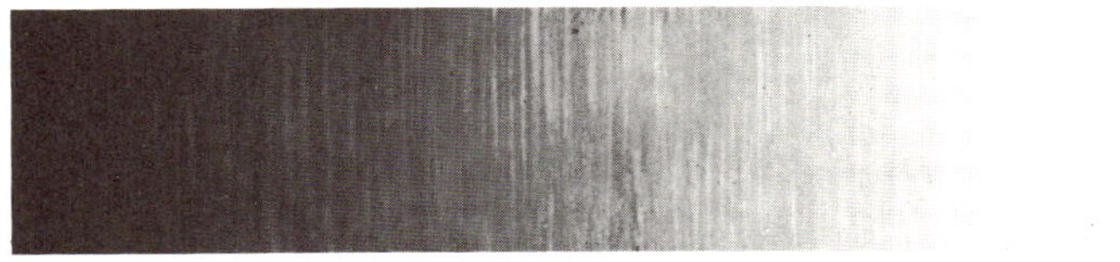

Abbildung 4: Umsetzung der vorigen Gelbskala in Grautöne.

ABBILDUNG 5: MELODISCHE FARBSKALA

Hierbei handelt es sich um eine Skala aus einer einzigen Farbe, die mit Weiß und Schwarz in unterschiedliche Töne abgestuft wird. (Auf Abbildung 5 B sehen Sie als Beispiel eine melodische Farbskala mit der Farbe Orange.)

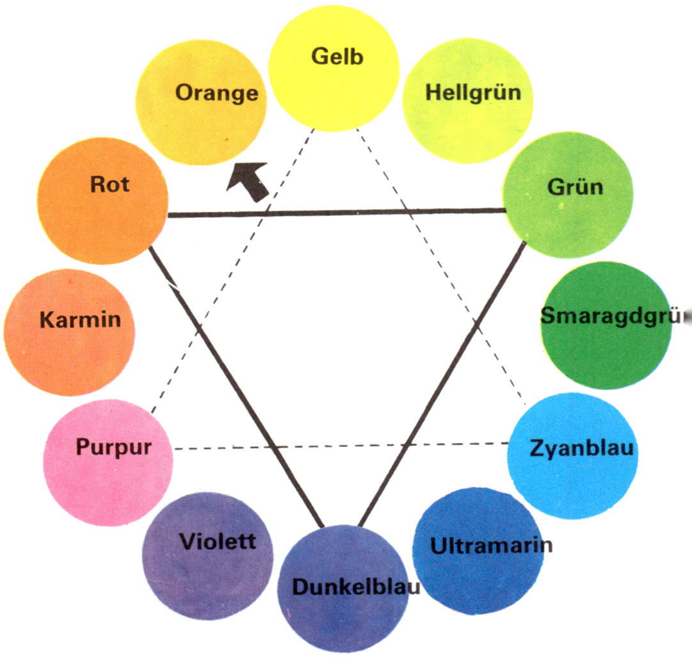

Die Bedeutung des Wortes beschränkt sich also nicht auf eine geordnete Reihenfolge der Spektralfarben, sie erstreckt sich auch auf einen Teil des Spektrums und selbst auf eine einzige Farbe, die als Abstufung eine Reihe - oder Skala - unterschiedlicher Töne aufweist (Abbildung 3 und 4).

Das führt uns zu der Schlußfolgerung:

Eine Skala besteht aus einer perfekt geordneten Folge von Farben oder Farbtonwerten.

Wo Ordnung besteht, besteht auch Übereinstimmung, gibt es Harmonie. Denn Harmonisierung bedeutet, die Farben eines Bildes in Übereinstimmung zu bringen, indem man die Natur nachahmt, die uns, wie wir soeben gesehen haben, sehr genau definierte Farbskalen liefert.

Kehren wir also zum allgemeinen Grundsatz zurück: Die Kunst der Farbakkordik beruht auf der Kenntnis und der Anwendung unterschiedlicher Farbskalen. Und diese wollen wir jetzt untersuchen.

DIE NORMALERWEISE BENUTZTEN FARBSKALEN FÜR DIE HARMONISIERUNG VON FARBEN

Wir werden diese Untersuchung anhand einer Reihe von Illustrationen vornehmen, die sich jeweils aus drei Elementen zusammensetzen (siehe Abbildung 5 A, B und C).

A: DIE SPEKTRALSKALA. Sie setzt sich aus den Grundfarben Gelb, Zyanblau und Purpur (verbunden durch das auf der Spitze stehende gleichschenkelige Dreieck aus durchgehenden Linien), den Zweitfarben Grün, Dunkelblau und Rot (verbunden durch das gleichschenkelige gestrichelte Dreieck) und den jeweils zwischen den Grund- und Zweitfarben liegenden

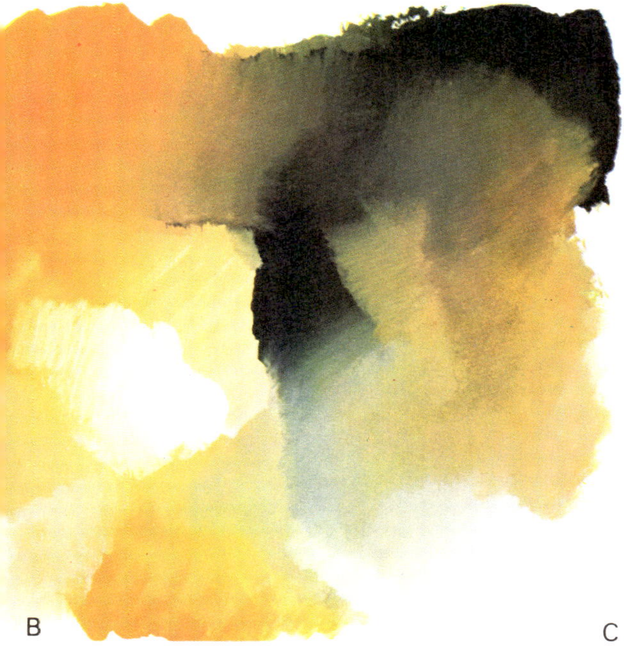

B

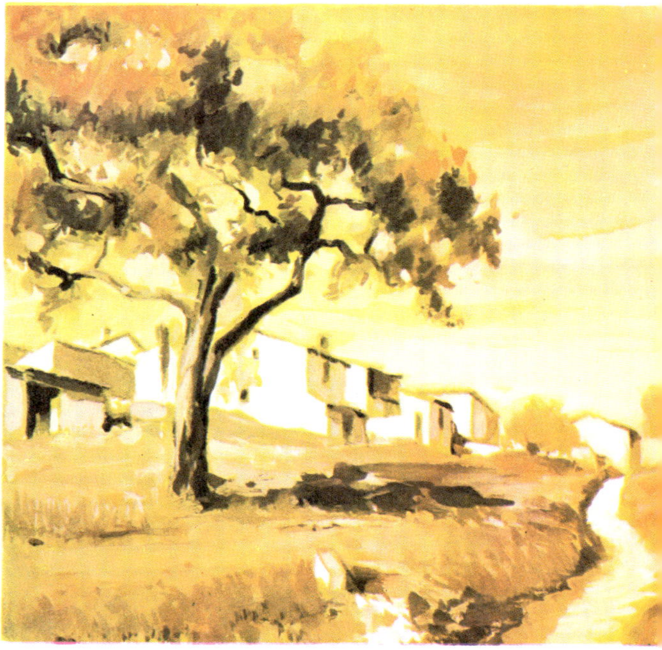

C

Drittfarben Hellgrün, Smaragdgrün, Ultramarin, Violett, Karmin und Orange zusammen. Betrachten Sie die Verteilung und Lage der Komplementärfarben auf dieser Abbildung. Sie sind leicht auszumachen, denn sie liegen sich grundsätzlich gegenüber. So ist zum Beispiel Gelb die Komplementärfarbe von Dunkelblau, Grün die von Purpur, Ultramarin die von Orange etc.

B: PALETTE ODER SKALA: Hier finden Sie die Mischungen jeder Skala mit einer gegebenen Farbpalette, die wir für jede Farbe einzeln angeben. (Bei Abbildung 5 B handelt es sich um Orange mit Weiß und Schwarz.)

C: EIN BILD. In Abbildung C finden Sie jeweils ein Thema, das mit der entsprechenden Farbskala gemalt wurde.

Beginnen wir mit der einfachsten Farbskala:

A. DIE MELODISCHE FARBSKALA (ABBILDUNG 5 A,B UND C)

Die melodische Farbskala besteht aus einer einzigen Farbe, die unter Hinzugabe von Weiß und Schwarz in verschiedenen Tönen abgestuft wird. (Abbildung 5 B zeigt das Beispiel der melodischen Farbskala mit Orange.)

Das Ergebnis, das man mit dieser Skala erhält, überrascht. Es beweist, daß sich trotz der Einfachheit ein außergewöhnlicher Reichtum in der Farbgebung erzielen läßt. Die Skala ist aus einer einzigen Farbe entstanden, die mit Weiß und Schwarz betont wurde. Das Geheimnis dieses Reichtums beruht auf einer absoluten Beherrschung der Mischungen von Weiß und Schwarz, wobei man beachten muß, daß Weiß und Schwarz unabhängig von der Skalenfarbe eine neue Farbe erzeugen können – ein neutrales Grau. Werden Weiß oder Schwarz zu einer anderen Farbe gemischt, verändert sich deren Nuance, und es ergibt sich eine etwas andere Farbe. (Erinnert sei in diesem Zusammenhang an die Fakten des zweiten Kapitels zu diesem Thema und an die Erläuterungen zu Abbildung 16 und 17 mit dem Beispiel des schwarzen Kaffees und des Milchkaffees). Diese Veränderung kann nachteilig sein, wenn man mit allen Farben malt. Sie ist jedoch innerhalb einer Skala wie dieser aus einer einzigen Farbe von Vorteil und sehr nützlich. Betrachten Sie zum besseren Verständnis die Farbpalette in Abbildung 5 B, auf der die Töne nur mit Orange erzielt wurden. Es taucht dort als reine Tubenfarbe auf und dann gemischt mit Weiß. Beachten Sie, daß Orange sich in den Mischungen mit Schwarz in ein Ocker verwandelt, in dem man ein schmutziges Grün oder ein dunkles Braun erkennt, das Umbra gebrannt ähnelt. Untersuchen Sie insbesondere die reinen Grautöne, die aus Weiß und Schwarz entstanden sind und die auch in Mischungen mit wenig Orange grau bleiben. Betrachten Sie schließlich die Verwendung dieser Palette in einem Gemälde.

Diese Art von Farbskala ist außerordentlich interessant für die Gebrauchsgrafik, wenn es darum geht, ein Motiv nur mit einer Farbe – Schwarz – und dem Weiß des Papiers wiederzugeben. In soch einem Fall könnte man

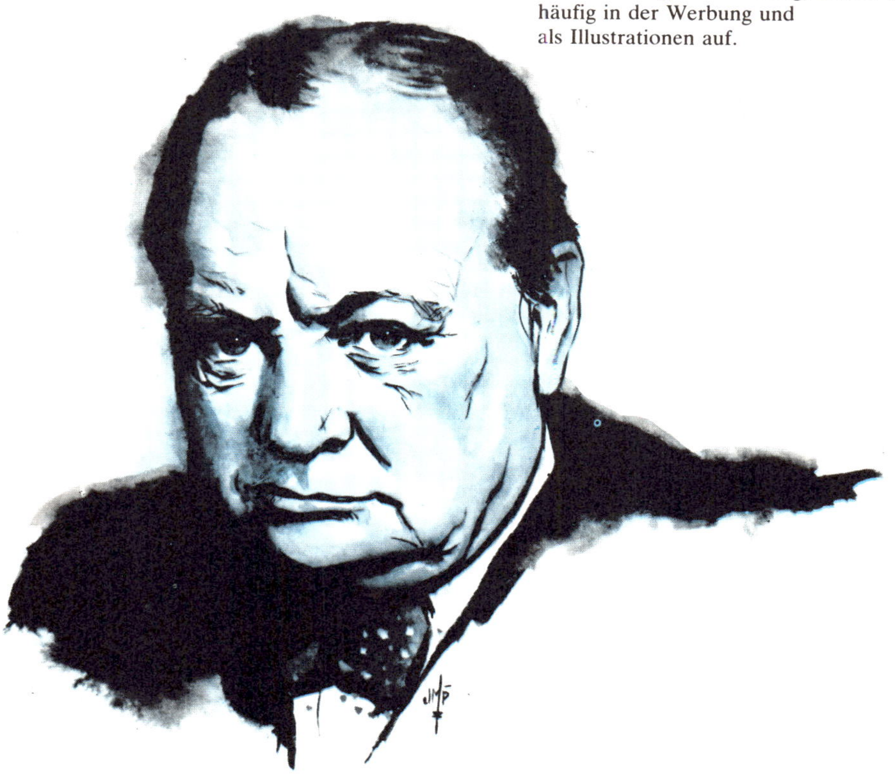

Abbildung 6: Zweifarbige Bilder tauchen häufig in der Werbung und als Illustrationen auf.

das reine Schwarz durch ein leicht modifiziertes Schwarz ersetzen. (Bei Orange wäre es Schwarz mit einer Spur von Siena natur oder gebrannt). Dadurch erhält man eine noch nuancenreichere Skala. Auf künstlerischem Gebiet benutzen zahlreiche Maler die melodische Farbskala für Studien und zu Beginn der Ausführung eines großen Werkes, wenn sie das Bild zunächst in der Skala der dominierenden Farbe anlegen. So malte Rubens seine Vorstudien in einer melodischen Farbskala, die auf Siena beruhte.

Die melodische Farbskala verdankt ihren Namen der Bedeutung des Wortes Melodie. Sie ist wirklich ein Gesang ohne Begleitung. Es ist das Lied eines Solisten, der keine Begleitung benötigt.

DIE EINFACHE HARMONISCHE FARBSKALA (ABBILDUNG 7)

Fragen Sie einen Musiker nach der Bedeutung des Begriffs "harmonischer Akkord", wird er Ihnen antworten, es handele sich um einen Gleichklang verschiedener Töne, aus denen sich ein neuer Klang ergibt. Andererseits sind die Akkorde in der Musik der Singstimme unterworfen, der sie als Begleitung dienen. Deshalb können wir festhalten:

Die einfache harmonische Farbskala besteht aus einem Haupttonwert – oder einer dominierenden Farbe – und drei "begleitenden" entgegengesetzten Farben, die gemeinsam eine neue Farbgebung erzeugen.

Die einfache harmonische Farbskala wird folgendermaßen zusammengestellt:

1. **Man wählt die dominierende Farbe in Übereinstimmung mit der dominierenden Farbe des Modells.**
2. **Vier Töne von der dominierenden Farbe auf dem zwölfteiligen Spektralkreis nach rechts finden sich die drei entgegengesetzten Farben, die mit der ersten harmonieren.**
3. **Die dritte der drei Begleitfarben ist jeweils die Komplementärfarbe der Dominanten.**

Zum besseren Verständnis dieser Definition betrachten Sie bitte die untenstehende Abbildung. Im Spektralkreis sind die verwendeten Farben gekennzeichnet, also das Orange als Hauptton oder Dominante (die Farbe, die sozusagen die Melodie singt) und vier Schritte nach rechts Smaragdgrün, Zyanblau und Ultramarin als Farben der "musikalischen Begleitung", die in Mischung mit der Dominanten eine neue Farbgebung in grünlichen Tönen ergeben. Dies sehen Sie auf dem Bild C, das mit der einfachen harmonischen Farbskala gemalt wurde.

Beachten Sie, daß Weiß und Schwarz ebenfalls für die Palette dieser Illustration verwendet wurden.

Die Abbildung zeigt, daß der Reichtum der einfachen harmonischen Farbskala beinahe vollkommen ist. Sie umfaßt (mit den Farben unseres Beispiels) eine ganze Serie von Blau-, Grün, Siena-, Orange- und Gelbtönen. Es fehlt nur eine einzige Farbe (hier das Rot), dann wäre die Skala komplett. Ihr Hauptmerkmal besteht aus einer dominierenden Farbe, die in allen anderen Farben, selbst in den neuen Farben aus den Mischungen, vorhanden sein muß.

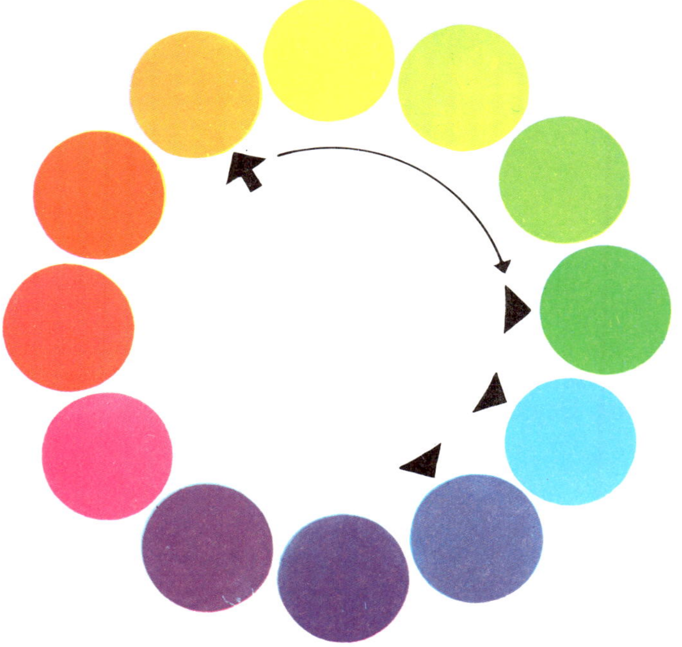

ABBILDUNG 7: HARMONISCHE FARBSKALA

Die einfache harmonische Farbskala besteht aus einem Hauptton oder einer dominierenden Farbe und drei "begleitenden" entgegengesetzten Farben, die gemeinsam zu einer neuen Farbgebung führen.

Am Beispiel der Abbildung 7 C erkennt man genau, daß Orange hier den Part des "Solisten" übernommen hat, der "den Ton angibt", in allen Mischungen vorhanden ist und sie dominiert. Das führt zu einer perfekten Koordinierung. Um diese Wirkung zu erzielen, ist es wichtig, als "Begleitfarben" die der Dominanten genau entgegengesetzten Farben zu wählen. Beachten Sie, daß es sich hier tatsächlich um die maximalen Gegenfarben handelt, da die drei Begleitfarben die Komplementärfarbe der Dominanten (hier Ultramarin als Komplementärfarbe von Orange) einschließen.

Dadurch erzielt man einen polaren Kontrast und einen Reichtum in der Farbgebung, die mit näher zur Dominanten (hier Orange) liegenden Farben niemals zu erreichen wären.

Beachten Sie ferner, daß ein so direktes Spiel von Komplementärfarben in einer Farbakkordik die Dominanz einer einzigen Farbe erforderlich macht, damit nicht das schlimmste Übel für eine Farbenharmonisierung auftreten kann: die Disharmonie von Farben.

Diesen wichtigen Punkt wollen wir in einem gesonderten Absatz behandeln.

HARMONISCHE UND DISHARMONISCHE FAKTOREN BEI DEN KOMPLEMENTÄRFARBEN

Bekanntlich sind Komplementärfarben die entgegengesetztesten Farben der Spektralskala; sie liegen sich genau gegenüber und unterscheiden sich hinsichtlich ihrer Farben am stärksten.

Ebenfalls ist bekannt, daß die Kontraste nicht nur von den Farben, sondern auch von den Farbtonwerten bestimmt werden (siehe Abbildung 2

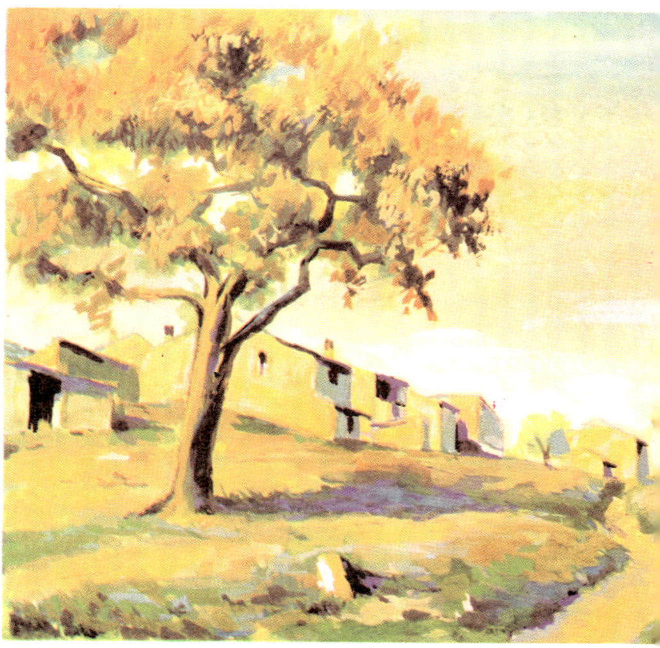

des zweiten Kapitels). Wir können hier also wiederholen, was wir bereits im zweiten Kapitel gesagt haben:

Der Kontrast zwischen zwei Komplementärfarben wird sowohl von den Farbtonwerten als auch von den Farben bestimmt.

Betrachten wir dies an einem Beispiel: Grün ist die Komplementärfarbe von Rot. Nebeneinandergestellt, bilden diese beiden Farben also einen polaren Kontrast. Setzen wir diese beiden Farben jedoch in Grauwerte um (indem wir den Originalwert untersuchen), stellen wir fest, daß sich beide Grau sehr ähneln (Abbildung 8). Wir müssen also sagen, daß Grün und Rot zwar einen polaren Farbkontrast, jedoch nur einen beschränkten Tonwertkontrast besitzen. Dieser Kontrastmangel, diese Ähnlichkeit der Töne und der totale Gegensatz der Farben sind für das Auge ausgesprochen unangenehm; sie bringen den Sehnerv regelrecht aus dem Gleichgewicht und erzeugen eine Art Vibrieren, das sich beim normalen Hinsehen als störend auswirken kann. Ein klassisches Beispiel für dieses außerordentlich unangenehme Flimmern erhält man bei einem roten Text auf grünem Grund (Abbildung 9). Die gegenseitige Steigerung der Farben ist so groß und der Kontrastmangel der Tonwerte so offensichtlich, daß der Text bei normaler Beleuchtung aus einer gewissen Entfernung schwer zu lesen ist und die Buchstaben zu tanzen scheinen. Sie verwandeln sich in kleine bewegliche Lichter. Dies kann, ins Extrem geführt, sogar zu Sukzessivbildern führen.

Die Folgerung daraus ist für uns sehr wichtig:

Zwei Komplementärfarben gleicher Tonwerte lassen sich nicht harmonisieren.

Sie können nicht übereinstimmen, sie harmonieren nicht, sie "bekämpfen sich gegenseitig". Vergessen Sie das nicht! Gehen Sie in Gedanken kurz die Liste der Komplementärfarben durch. Dann werden Sie feststellen, daß die Disharmonie bei den einen stärker, bei den anderen schwächer ist. Die beiden Komplementärfarben Gelb und Dunkelblau harmonieren miteinander, weil sie nicht nur Farb-, sondern auch Tonwertkontraste aufweisen. Unmöglich ist diese Harmonie zwischen Purpur und Grün, Smaragdgrün und Karmin, Zyanblau und Rot etc., da diese übereinstimmende Tonwerte besitzen.

Was ist in solch einem Fall zu tun, um trotzdem den Farbenreichtum und die außerordentliche Kontrastwirkung der Komplementärfarben auszunutzen? Man braucht nur Farbwertkontraste zu schaffen, indem man die eine Farbe aufhellt und die andere abschattet! Lassen Sie zum Beispiel die volle Leuchtkraft des Grün bestehen, und hellen Sie das Purpur auf, indem Sie es in ein Karminrosa verwandeln; oder schwächen Sie beide Farben unterschiedlich stark ab, und schaffen Sie dadurch verschiedene Farbtonwerte. Auf diese Weise erhalten Sie einen Gleichklang aus Farbe und Farbtonwert, der zu einer außerordentlich starken, originellen Harmonisierung führt.

Fassen wir dies als Regel zusammen:

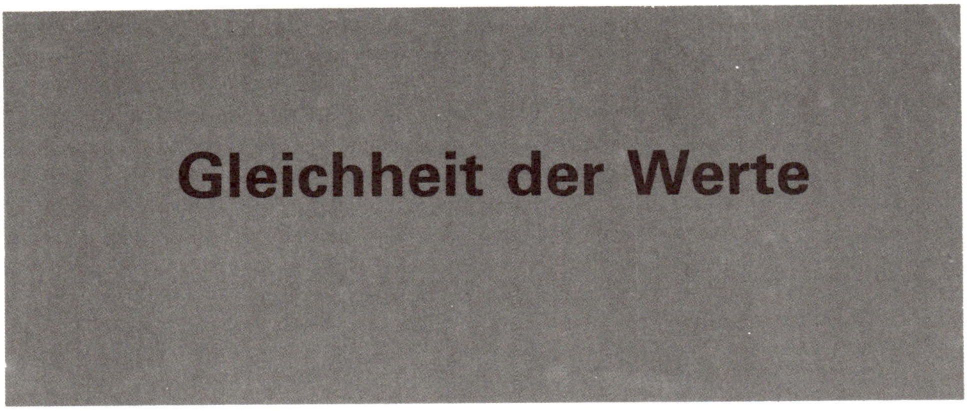

Abb. 8

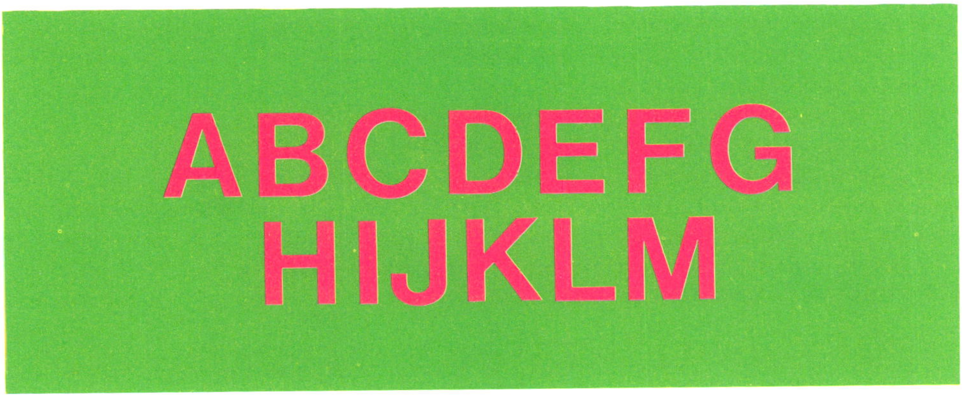

Abb. 9

Abb. 1o

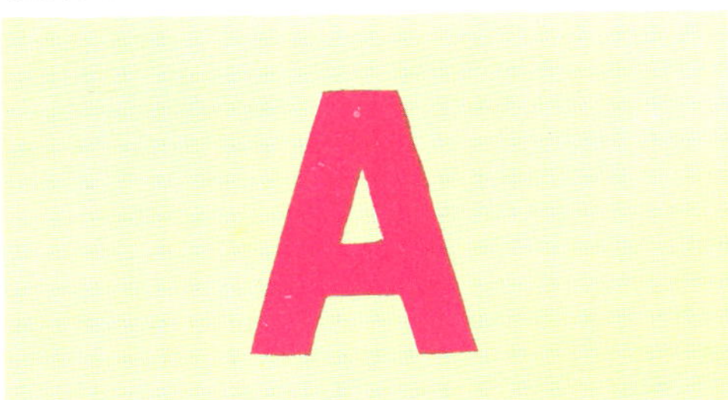

Abb. 11

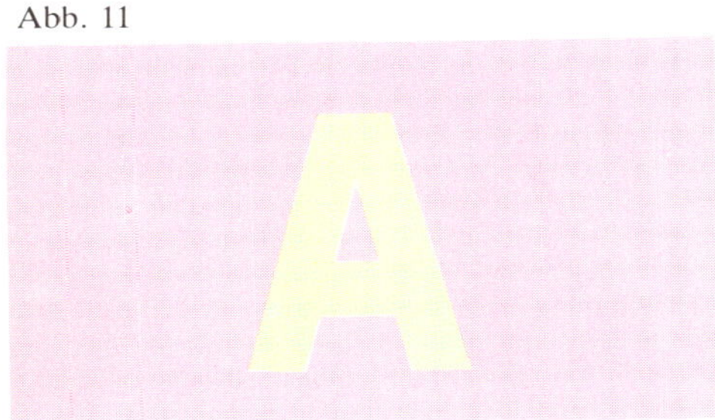

1. **Zwei Komplementärfarben unterschiedlicher Tonwerte können miteinander harmonieren (Abbildung 10).**
2. **Zwei Komplementärfarben mit abgeschwächten Farben und Tonwerten erzeugen eine neutralisierte Vibration, die zu einer zarten, originellen Farbakkordik des Ganzen führt (Abbildung 11).**

Die zweite Regel führt uns unmittelbar zur Untersuchung einer in ihrer Zartheit und in ihrem Reichtum außergewöhnlichen Farbskala: der Farbskala, die auf einer neutralisierten Mischung von Komplementärfarben beruht.

DIE VIERKLANGSKALA DER FARBIGEN GRAU AUS MISCHUNGEN VON KOMPLEMENTÄRFARBEN

Stellen Sie sich vor, Sie mischten zwei Komplementärfarben, zum Beispiel Grün und Rot. Sie wissen, was jetzt geschieht? Sie erhalten eine sehr dunkle Farbe, beinahe ein Schwarz. Stellen Sie sich jetzt vor, Sie mischten die Farben zu ungleichen Teilen. Dann erhalten Sie entweder ein schmutziges Rot mit einem Sienastich oder ein graues Grün mit einem Rotstich - je nachdem, ob Rot oder Grün in der Mischung überwiegt. Hellen Sie diese beiden Farben nun auf, und mischen Sie sie miteinander. Das ergibt eine breite Skala von Grautönen, von denen die einen einen Rotstich, die anderen eine Tendenz zu Grün, Siena oder selbst zu Ocker haben.

Dafür können wir jeweils zwei Komplementärpaare aus der Spektralskala von Abbildung 12 benutzen. Auf diese Weise erhalten Sie eine sehr breite harmonische Skala von Grautönen.

Für die Landschaft auf Seite 103 gegenüber haben wir uns auf vier jeweils zwei bei zwei gemischte Komplementärfarben beschränkt. Wir haben zwei dominierende Farben derselben Skala gewählt: Gelb und Rot (die nur durch eine Farbe getrennt sind) und ihre jeweiligen Komplementärfarben Zyanblau und Dunkelblau. Vergessen Sie nicht, daß die vier Farben ebenfalls mit Weiß und Schwarz gemischt wurden.

ABBILDUNG 12: VIERKLANGSKALA DER FARBIGEN GRAUTÖNE AUS EINER MISCHUNG VON KOMPLEMENTÄRFARBEN.

Sie besteht aus zwei Paar Komplementärfarben, die sich ähneln und bei der zwei Farben derselben Skala über die anderen beiden dominieren.

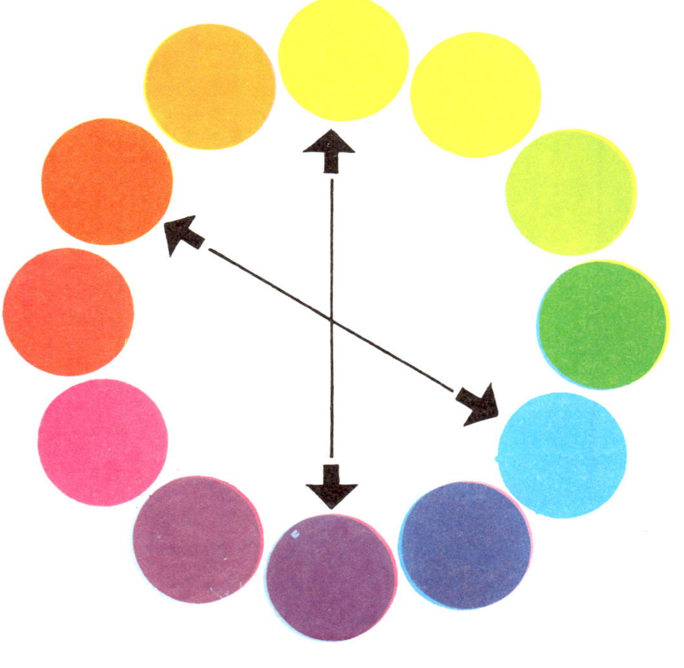

Die erwähnte Verbindung ergibt eine Skala von sehr wirkungsvollen, neutralen Grautönen, die von großer künstlerischer Qualität sind. Bei diesen Farben ist Grau die eigentlich dominierende Farbe. Trotzdem besitzt es genügend Farbigkeit, damit das Bild nicht stumpf, gleichförmig oder schmutzig wirkt. Sehen Sie sich die Farben dieser sogenannten "Vierklangskala" selber an. Sie werden feststellen, daß das Weiß die grellen Farben zurücknimmt und die Farbkontraste, nicht jedoch die Tonwertkontraste dämpft.

Dies führt zu einem außergewöhnlichen Bild mit einer sehr feinen, zarten, aber kontrastreichen Farbakkordik (C). Man könnte sagen, hier handelt es sich um eine zart kolorierte Zeichnung. Vergessen Sie nicht, daß die Wahl der einen oder der anderen Komplementärfarbe als Dominante - mit Grau - von dem Modell bestimmt wird. Man muß feststellen, ob die Farbgebung zu Rot, Grün oder Blau etc. neigt.

DIE FARBSKALEN DER THERMISCHEN FARBEN

Mit diesen Skalen kommen wir zum Kern der Farbakkordik. Unter den thermischen Farben versteht man jene Farben, die unsere Psyche - oft mit einer Gedankenassoziation - beeinflussen und spontan ein Gefühl der Kälte oder der Wärme hervorrufen.

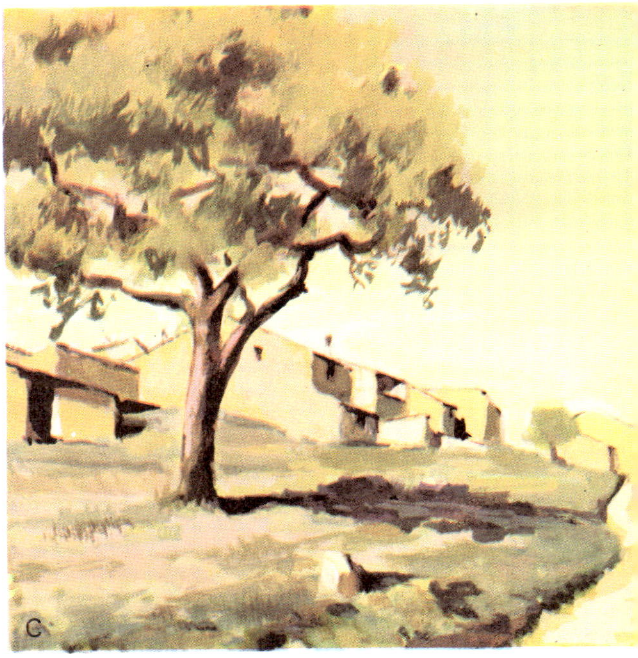

Das Modell, also die Farben des Modells, werden immer von der Färbung des sie umgebenden Lichtes beeinflußt. Untersuchen wir das an einem Beispiel etwas näher.

DIE KALTEN FARBEN

Stellen Sie sich dasselbe Landschaftsbild mit Bäumen im Vordergrund und einigen Häusern im Hintergrund an einem Wintermorgen bei leicht bewölktem Himmel vor. Die Sonne scheint nur schwach, und die Kälte der Morgendämmerung hat einen Dunst hinterlassen, der alle Formen mit einem leichten Blauton umhüllt. Alle Farben sind von diesem Graublau überzogen. Selbst die Grüntöne sind von Blau verschleiert und zeigen einen Blaugrauton oder selbst ein Violett.

Das ist ein typisches Beispiel für ein Bild in kalten Farben mit Blau als Dominante (Abbildung 13 C).

DIE WARMEN FARBEN

Nehmen wir jetzt an, Sie sähen dieselbe Landschaft am Spätnachmittag eines klaren, sonnigen Tages, wenn die Sonne beinahe rot ist und die Strahlen die Gegend intensiv beleuchten.

Alle Farben werden also von den Sonnenstrahlen beeinflußt. Die Mauern der nahesten Häuser haben Orange-, Goldocker, Siena- und Gelbtöne angenommen. Der dominierende Einfluß auf das Gesamtbild geht von Rot aus (Abbildung 14 C).

Sehen Sie sich dieses Bild mit der klaren Dominante Rot genauer an. Diese Farbensinfonie wurde mit Rot, Orange, Braun und Ocker erzielt und vermittelt einen Eindruck von Wärme.

Die thermischen Farben teilen sich also in zwei Gruppen:

ABBILDUNG 13: SKALA DER KALTEN FARBEN

Sie setzt sich aus Hellgrün, Grün, Smaragdgrün, Zyanblau, Ultramarin, Dunkelblau und Violett zusammen. Bei der Verwendung dieser Skala ergibt sich eine Farbdominante, die normalerweise von Blau gebildet wird.

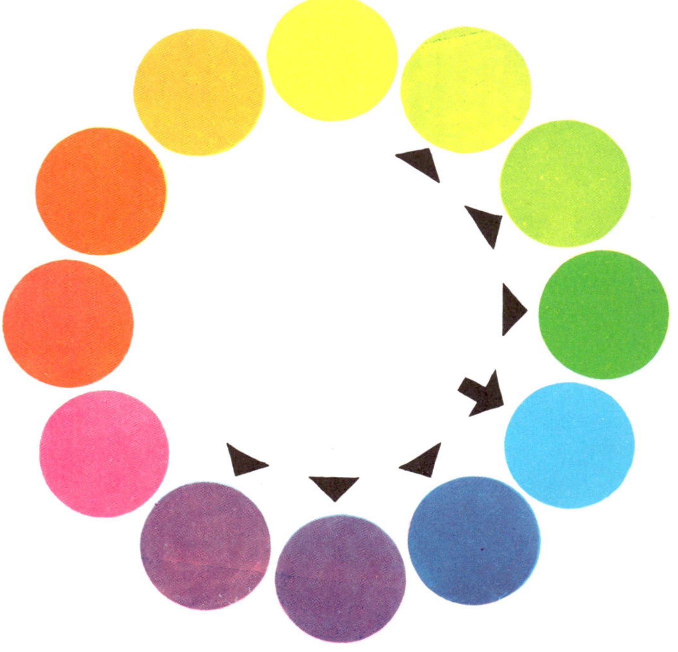

Die warmen Farben besitzen Rot als Dominante. Die kalten Farben besitzen Blau als Dominante.

Beachten Sie, daß das Blau als Dominante des Bildes mit den kalten Farben vorzugsweise zu Violett neigt, während die entgegengesetzte Darstellung mit den warmen Farben neben Rot Karmin, Orange- und Gelbtöne aufweist. Teilt man also den Spektralkreis, mit dessen Farben wir arbeiten, in zwei Teile, erhält man eine Skala mit kalten Farben und eine Skala mit warmen Farben. Sie setzen sich folgendermaßen zusammen:

DIE SKALA DER KALTEN FARBEN:

Sie besteht im wesentlichen aus Hellgrün, Grün, Smaragdgrün, Zyanblau, Ultramarin, Dunkelblau und Violett.

DIE SKALA DER WARMEN FARBEN:

Sie besteht im wesentlichen aus Violett, Purpur, Karmin, Orange, Gelb und Hellgrün.

Vergleicht man die beiden Farbskalen miteinander, stellt man fest, daß Hellgrün und Violett sowohl zu den warmen als auch zu den kalten Farben gerechnet werden. Es sind "Grenzfarben", die je nach dem Einfluß der übrigen Farben des Bildes und der Empfindsamkeit und dem Gemütszu-

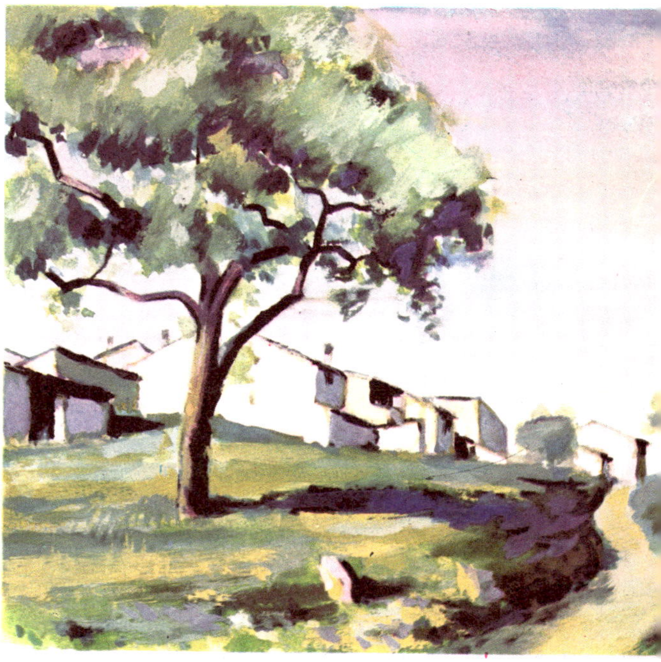

stand des Betrachters warm oder kalt wirken können. Ihre Zugehörigkeit zur einen oder anderen thermischen Skala ist also völlig subjektiv.

FARBEN UND TIEFENWIRKUNG

Die Kenntnis und die Beherrschung der thermischen Farbskalen ist ebenfalls bei der Suche nach einer größeren Tiefenwirkung eines Bildes von Bedeutung.

Es ist klar bewiesen, daß die warmen Farben - und hier vor allem Gelb und Rot - mit einem Gefühl von Nähe, der vorgeschobenen oder dicht beim Betrachter liegenden Körper in Verbindung gebracht werden, während die kalten Farben - vor allem Blau und Violett - den Eindruck von Entfernung, der im Hintergrund liegenden Formen und Gegenstände vermittelt.

Diese psychologische Wirkung sollten wir in Erinnerung behalten. Ich wiederhole daher:

Gelb und Rot vermitteln einen Eindruck von Nähe. Blau und Violett vermitteln einen Eindruck von Entfernung.

Beim Komponieren eines Stillebens und Festlegen der chromatischen Stufenleiter der verschiedenen Ebenen muß man dies berücksichtigen, um den Eindruck der Tiefe zu verstärken.

KONSONANZEN UND DISSONANZEN

Man sagt, die Konsonanz entspreche der klassischen statischen Schönheit, während die Dissonanz eher mit der dynamischen oder

ABBILDUNG 14: HARMONISCHE SKALA DER WARMEN FARBEN

Sie setzt sich im wesentlichen zusammen aus Violett, Purpur, Karmin, Rot, Orange, Gelb und Hellgrün. Die Skala besitzt eine Dominante, normalerweise das Rot.

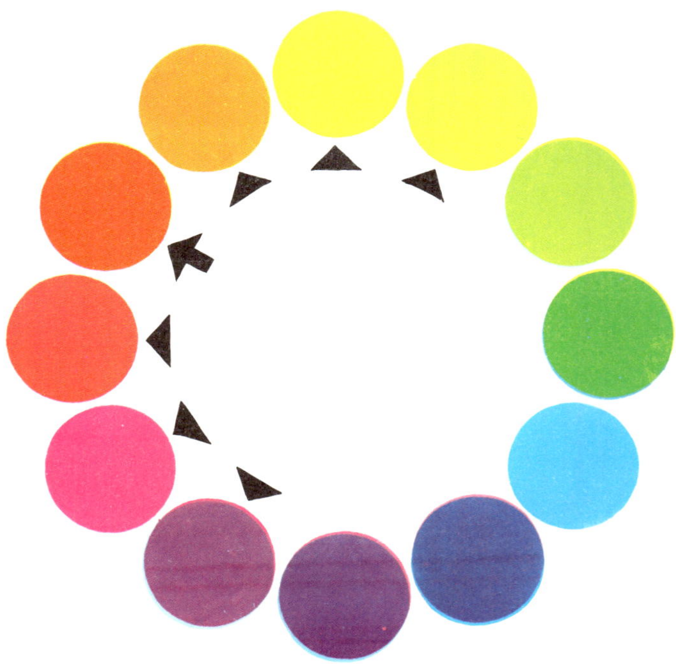

modernen Schönheit in Verbindung zu bringen sei. Wir wollen uns hier nicht in die philosophischen Streitereien einmischen. Sie werden verstehen, daß unser Verständnis von Schönheit eher der unkomplizierten, elementaren Schönheit im ursprünglichen Sinne entspricht. Das Kind oder der Erwachsene, der noch nicht gewohnt ist, zu analysieren - der also spontan urteilt-, bevorzugt im allgemeinen perfekte Vierecke und Kreise und glaubt instinktiv, daß Rechtecke und Ovale nicht so symmetrisch und genau berechnet sind.

Aber dieses Kind - dieser Mensch - erweitert seine Kenntnisse mit der Zeit. Er lernt hinzu, entwickelt sich weiter. Er will mehr wissen, er hinterfragt; er erreicht ein höheres Niveau und erkennt an, daß das Rechteck und das Oval, um ebenfalls schön zu erscheinen, noch stärker berechnet werden müssen, da sie asymmetrisch und ungleich sind. Und schließlich begreift der Mensch, daß Schönheit, von Ausnahmen abgesehen, immer mit der Vorstellungskraft einhergeht. Mit einem Wort: er sieht ein, daß *die Kunst nicht festen Regeln unterworfen werden kann.*

Die Harmonie in der Musik gründet sich auf Konsonanzen und Dissonanzen. Die Konsonanz beruht auf der Folge von zwei oder drei in einem bestimmten Verhältnis zueinander stehenden Tönen. Jahrelang hatte niemand gewagt, ein Musikstück mit Dissonanzen zu komponieren. Tauchte doch eine Dissonanz auf, sagte man (und sagt man noch heute, wenn die Dissonanz nicht beabsichtigt war), daß sich der Sänger oder Musiker geirrt und einen Mißton erzeugt habe. Nach der Entdeckung der chromatischen Tonleiter vertraten die klassischen Komponisten, angefangen von Johann Sebastian Bach, die Ansicht, daß die Musik zu strengen Regeln unterworfen sei. Beethoven führte die Quarte und die Atonalität ein und erweiterte

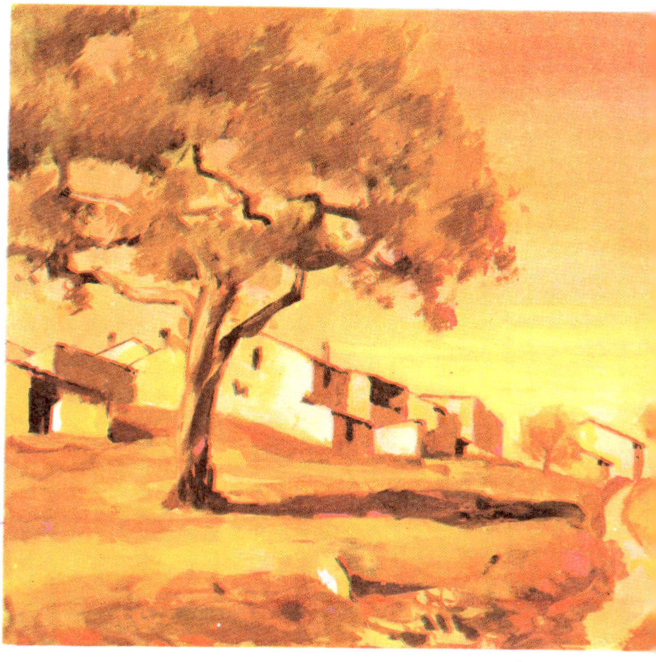

die Grenzen der Komposition. Natürlich mußten die Komponisten um ihre Anerkennung kämpfen, bis das Publikum ihre revolutionäre und dynamische Musik akzeptierte. Aber mit der Zeit erkannte man, daß diese Dissonanzen den Konsonanzen mehr Ausstrahlung verleihen, sie steigern und hervorheben und auf diese Weise die Harmonie der Komposition unterstreichen.

Aber kehren wir zur Malerei zurück.

Die harmonischen Skalen der warmen und kalten Farben entsprechen den perfekten Konsonanzen der Musik: keine entgegengesetzte Note oder Farbe taucht in den Skalen auf - weder ein Blau bei den warmen Farben noch ein lebhaftes Rot bei den kalten Tönen. Doch wie in der Musik kann eine solche Harmonie auch zu einer zu großen, zu berechneten Perfektion führen, die zwangsläufig monoton wirkt und der es an Originalität mangelt. Zu einer guten Harmonisierung gehören daher auch Dissonanzen. Man muß ein lebhaftes Rot in einer Komposition aus kalten Farben ebenso akzeptieren wie einen Tupfer kaltes Blau in einem Ensemble aus warmen Farben. In beiden Fällen erreicht man durch Dissonanzen und Kontraste eine größere Tiefenwirkung in der vorherrschenden Skala.

Wir können unsere Ausführungen daher in einer äußerst interessanten Regel zusammenfassen:

Eine Farbakkordik aus absolut harmonischen Farben erfordert immer die Anwesenheit von ein oder mehreren Dissonanzen.

Das führt uns zu der vollständigsten harmonischen Farbskala:

ABBILDUNG 15: SPEKTRALSKALA MIT WARMER ODER KALTER DOMINANZ

Diese Skala setzt sich aus allen Farben des Spektrums zusammen, wobei entweder die warme oder die kalte Skala dominiert.

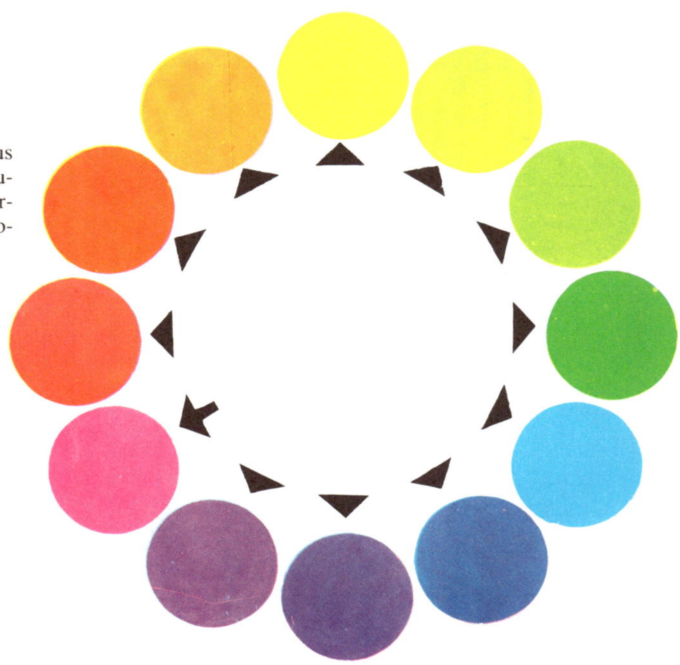

SPEKTRALSKALA MIT WARMER ODER KALTER DOMINANZ

Abbildung 15 auf der vorigen Seite zeigt ein Beispiel dieser in ihrer Harmonie perfekten Skala. Sie werden feststellen, daß wir Purpur als Beispiel für eine dominierende Farbe auf der Spektralskala angegeben haben. Beachten Sie jedoch, daß sich diese dominierende Farbe weder in den Mischungen gewisser Farben noch in der Gesamtpalette in aufdringlicher Weise durchsetzt. Sie beschränkt ihren Einfluß vielmehr auf die Blau-, Grün- und Violettöne. Sie dominiert nur leicht und schafft eine Beziehung zwischen allen Farben, indem sie sie in einer warmen Tendenz vereint. In ihr bestehen jedoch offensichtliche, aber angenehme Dissonanzen. Blaue und grünblaue Farbtupfer akzentuieren durch ihren Kontrast die Chromatik und den harmonischen Reichtum des Bildes.

Das ist das Schwierigste überhaupt beim Malen. Das Problem stellt sich ein, wenn man die technischen Kenntnisse, die vorausgesetzt werden müssen, endlich erworben hat – das heißt, wenn man wirklich mit Öl-, Aquarell- und Gouachefarben zu malen versteht; wenn es einem gelingt, jede Farbe, die man an seinem Modell erkennt oder sich vorstellt, zu mischen. Hat man diesen Wissensstand und diese Erfahrung erreicht, gilt die einzige Sorge des Künstlers einer perfekten Farbgebung, die im Einklang mit dem Thema steht. Dies muß er so gut wie möglich ausdrücken, so daß sein Werk – mit oder ohne Kontraste – eine vollkommene Harmonie der Farben, eine Koordination der Farben, aufweist, die für Auge und Gemüt gleichermaßen angenehm ist.

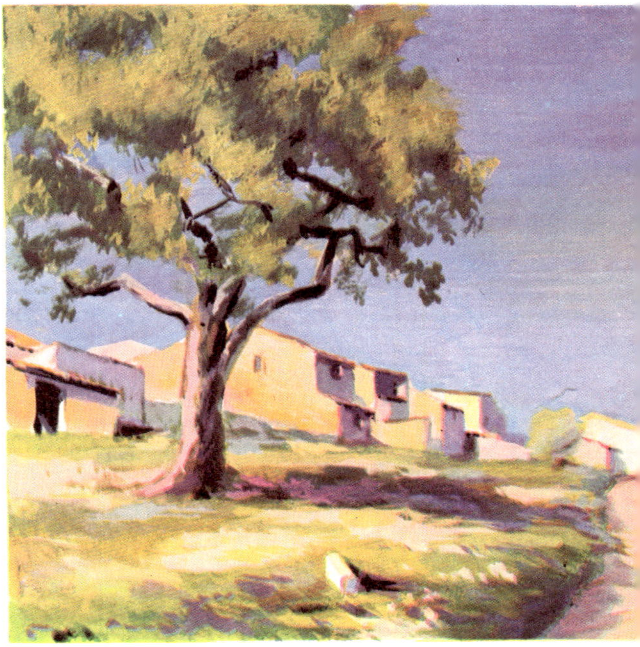

PRAKTISCHE ANWENDUNG

Wollen Sie die in diesem Kapitel erarbeiteten Kenntnisse in die Praxis umsetzen, gehen Sie bei der Untersuchung der Farbakkordik eines bestimmten Werkes folgendermaßen vor:

1. Sie untersuchen die chromatische Tendenz des Modells, wie sie von der Natur vorgegeben ist.

Wir haben bereits gesehen, daß in allen Modellen eine bestimmte Tendenz festzustellen ist, daß *ein bestimmtes Licht vorherrscht, das gewisse Farben mit anderen und alle untereinander in Beziehung setzt.* Natürlich kommt es zu gewissen Tageszeiten oder unter bestimmten Lichtverhältnissen vor, daß diese Tendenz nicht so offensichtlich oder für das ungeübte Auge sogar nicht auszumachen ist. Dann bedarf es einer gewissen Anstrengung, um sie zu erfassen, zu erraten – oder sie sich vorzustellen. Auf jeden Fall müssen Sie versuchen, eine Beziehung zwischen dem Thema, seinen Ausdrucksmöglichkeiten und einer gegebenen Farbe herzustellen. Vergessen Sie dabei nicht, daß in vielen Fällen der Künstler selbst die Tendenz des Lichtes bestimmen kann: Beim Malen von Szenen im Haus, bei Stilleben, Porträts, Menschengruppen etc. ist es beinahe immer möglich, die Eigenfarbe des Motivs in Richtung auf das reflektierte Licht und die Farben des eigentlichen Lichts zu lenken.

2. Sie wählen in Übereinstimmung mit dieser Tendenz die am besten geeignete Farbskala.

Besitzt das Motiv eine klar erkennbare chromatische Tendenz und eine ziemlich gleichförmige Farbgebung, sollten Sie die harmonische Farbskala in Anwendung bringen. Beschränken Sie sich zu Beginn des Malens auf wenige Farben dieser Skala; erhöhen Sie die Anzahl eventuell später, indem Sie neue Töne schaffen, die jedoch immer die ursprüngliche Farbe als Dominante aufweisen. Besitzt das Modell nur wenige bestimmte Farben, dagegen zahlreiche Tonwerte, und scheint es insgesamt zu Grau zu neigen, fassen Sie die Möglichkeit einer harmonischen Vierklangskala aus Komplementärfarben ins Auge. Versuchen Sie, diese Grautöne zu mischen, und beleben Sie sie mit der einen oder anderen Farbe als Dominante. Doch zu welcher Farbgebung Sie sich auch entschließen, passen Sie diese der warmen oder kalten Farbskala an, denn dies ist der wichtigste Faktor zum Erzielen eines wirklich harmonischen Gesamtbildes. Denken Sie schließlich an die Notwendigkeit, Vielfalt in der Einheit zu schaffen, die man zunächst durch das Einbringen einer dominierenden Farbe erzeugt, zu der dann ein Kontrast aus gewissen entgegengesetzten Farben und selbst gewollte Dissonanzen aus der anderen thermischen Skala kommen.

3. Sie betonen diese Tendenz, um eine bessere und ausdrucksfähigere künstlerische Qualität zu erlangen.

Ganz sicher beschränkt sich der wirkliche Künstler nicht darauf, eine Farbskala in seinem Modell zu entdecken und dann peinlich genau mit ihr zu malen. Sein Ideal besteht häufig darin, die Möglichkeiten dieser Skala bis ins Extrem auszuschöpfen und sie zu betonen, um dem Werk größere Originalität zu verleihen.

Betrachten Sie zum Abschluß einige berühmte Gemälde, deren Farbharmonie den in dieser Lektion untersuchten Farbskalen entspricht.

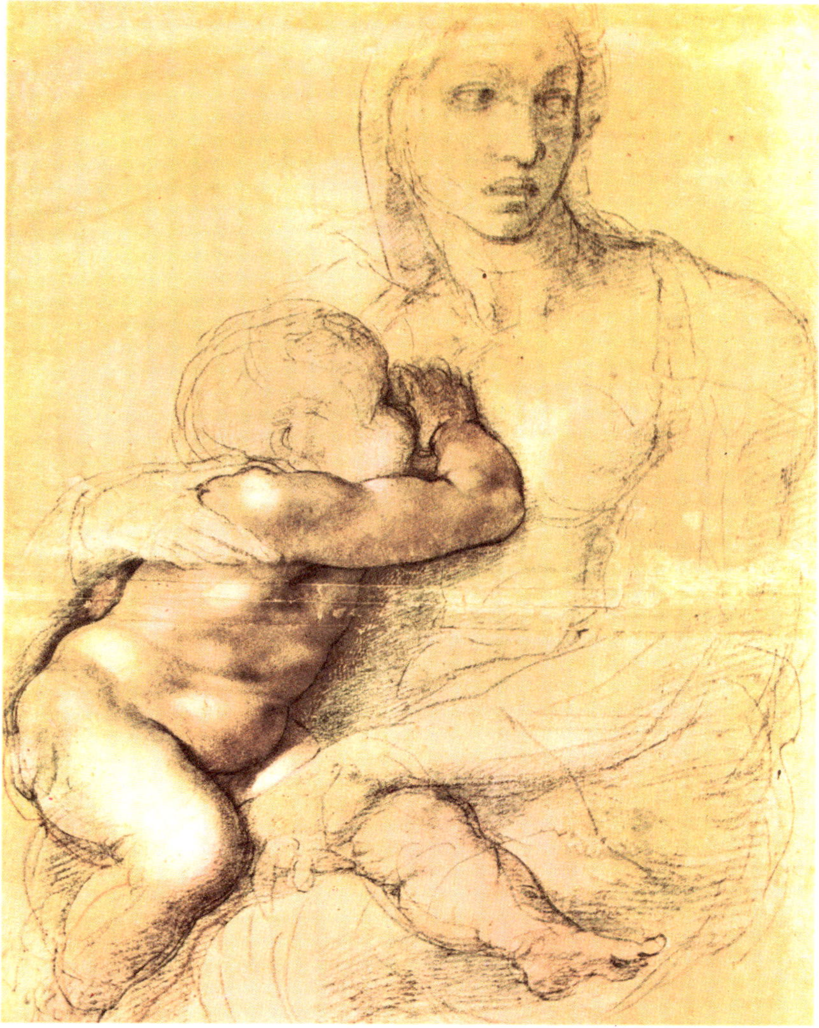

Abbildung 16: MELODISCHE FARBSKALA (Michelangelo: "Die Jungfrau mit dem Kind"). Die melodische Farbskala aus einer einzigen Farbe mit Weiß und Schwarz ist aus künstlerischer Sicht von begrenztem Wert. Michelangelo wendet sie hier bei einem Bild mit Rötel und Zeichenkohle auf farbigem Papier an und betont die Gestaltung einigemal mit Weiß. (Sehen Sie sich in diesem Zusammenhang auch an, was wir über die Verwendung dieser Skala in der Gebrauchsgrafik und in der Werbung gesagt haben.)

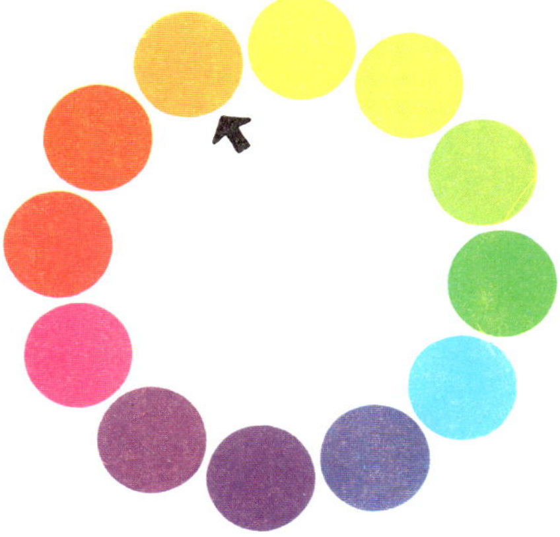

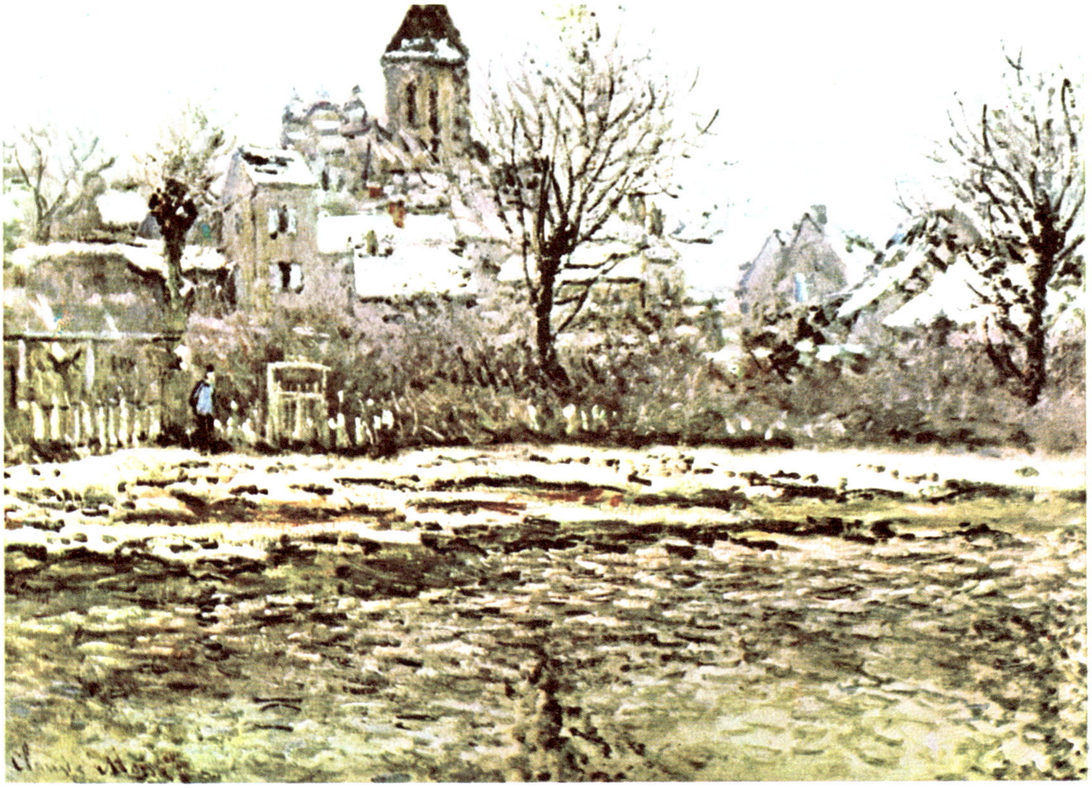

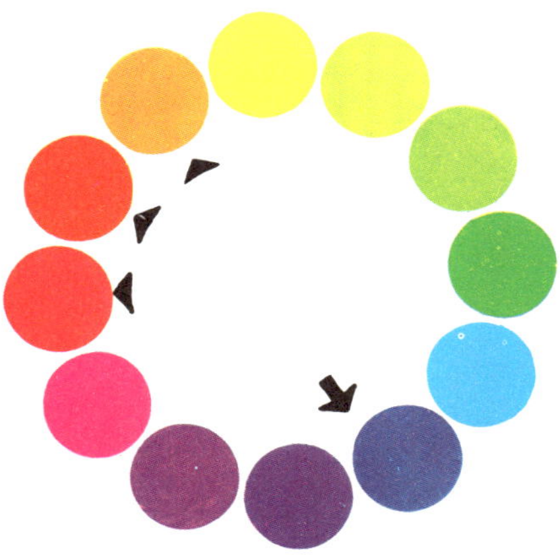

Abbildung 17: EINFACHE HARMONISCHE FARBSKALA (Claude Monet: “Die Kirche von Vétheuil, Schnee”). Dieses Gemälde besitzt eine klare Blaudominante, die mit Schwarz und in harmonischem Einklang mit Karmin, Rot und Orange eine außergewöhnliche Skala von bläulichen, ocker- und orangestichigen Grautönen ergibt. Dies ist ein perfektes Beispiel für die Möglichkeiten dieser offensichtlich beschränkten Farbskala, die hier einen Überfluß an Farbtönen aufzeigt.

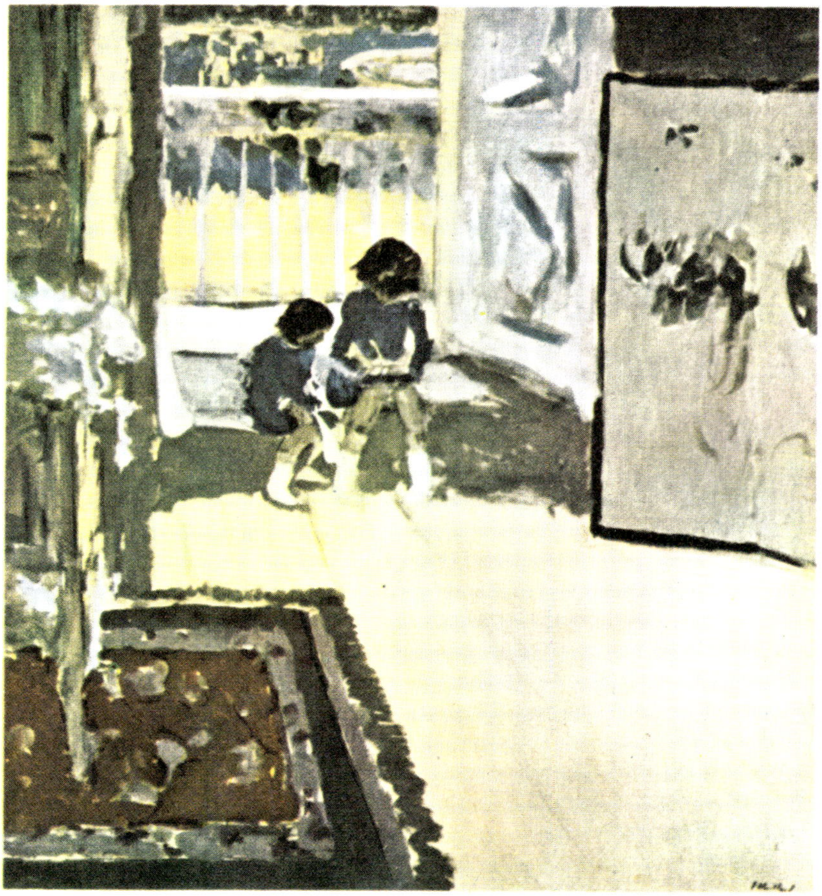

Abbildung 18: VIERKLANGSKALA DER GRAUTÖNE AUS EINER MISCHUNG VON KOMPLEMENTÄRFARBEN (Edouard Vuillard: "Kinder in einem Zimmer"). Hier zeigt sich die außerordentliche Feinheit der Grautöne, die aus einer Mischung von Komplementärfarben erreicht werden, mit ihren ganzen expressiven Ausdrucksmöglichkeiten. Vuillard hat absolut kein Schwarz benötigt, um diese zarten Töne zu erzielen. Er gelangt zu dieser originellen, beinahe monochromen Darstellung einzig durch die Verbindung von Komplementärfarben.

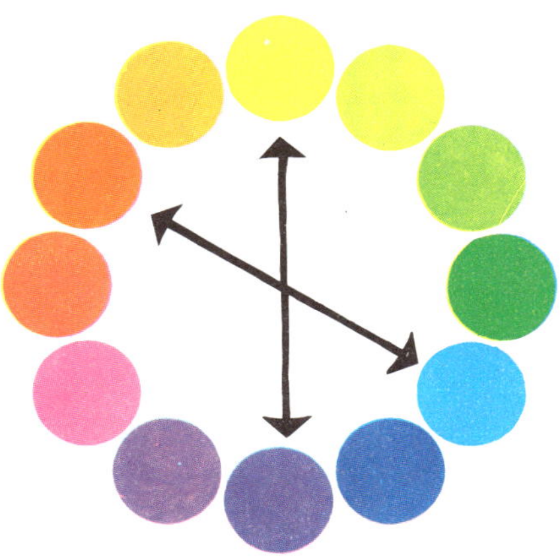

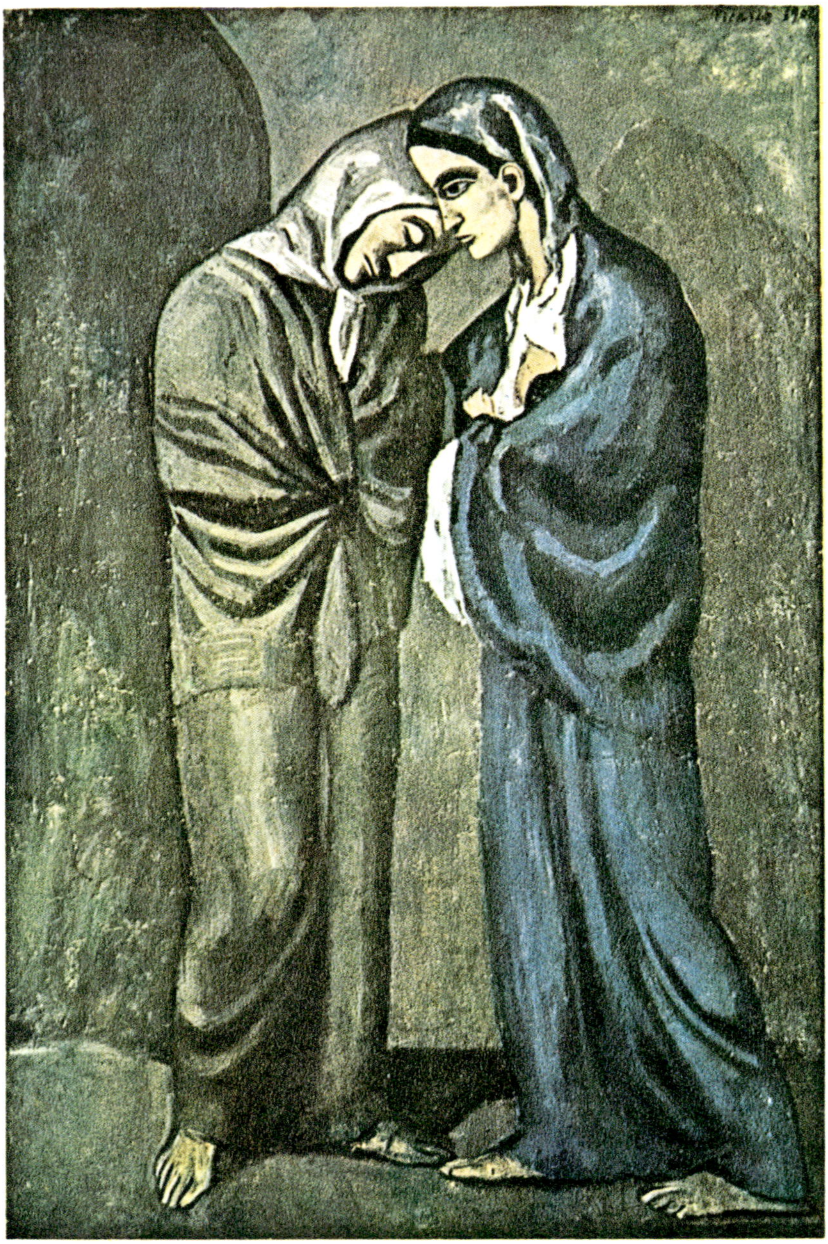

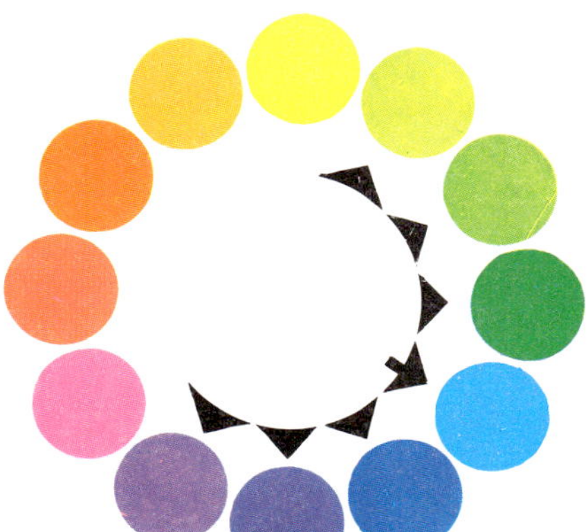

Abbildung 19: HARMONIESKALA DER KALTEN FARBEN (Pablo Picasso: “Die beiden Schwestern”). Dieses Gemälde stammt aus Picassos berühmter Blauen Periode, in der der Künstler bevorzugt mit einer Skala von kalten Farben mit Blau oder Graugrün als Dominante arbeitete. Picasso hat diese Skala hier in absoluter Weise ohne jede Konzession an Rottöne angewendet.

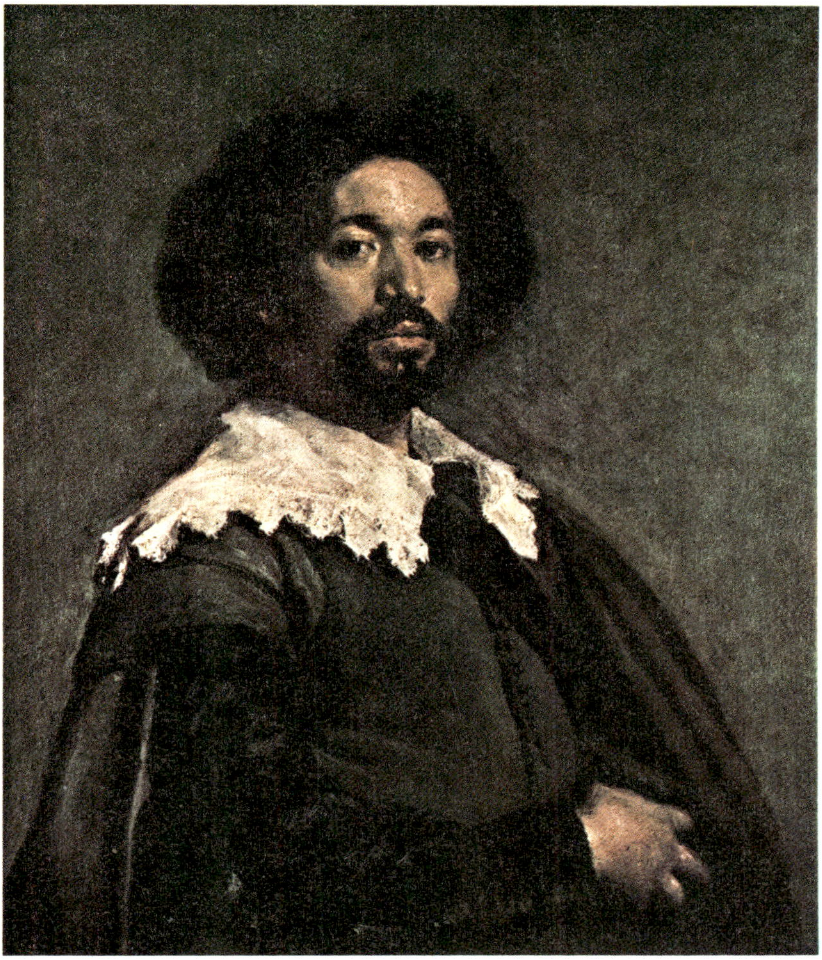

Abbildung 20: HARMONIESKALA DER WARMEN FARBEN (Velasquez: "Juan de Pareja"). In den Gemälden der alten Meister und vor allem in Darstellungen von Personen wird die Harmonisierung der Farben häufig durch eine Skala von warmen Farben erreicht. Velasquez zeigt uns in dem Porträt seines Dieners Juan de Pareja die Möglichkeiten eines Gemäldes, dessen gesamte Farben von der Wärme des Rot, des Orange und Gelb beeinflußt werden.

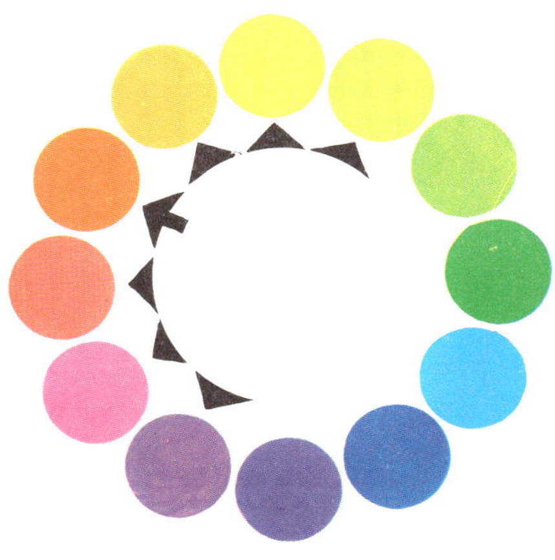

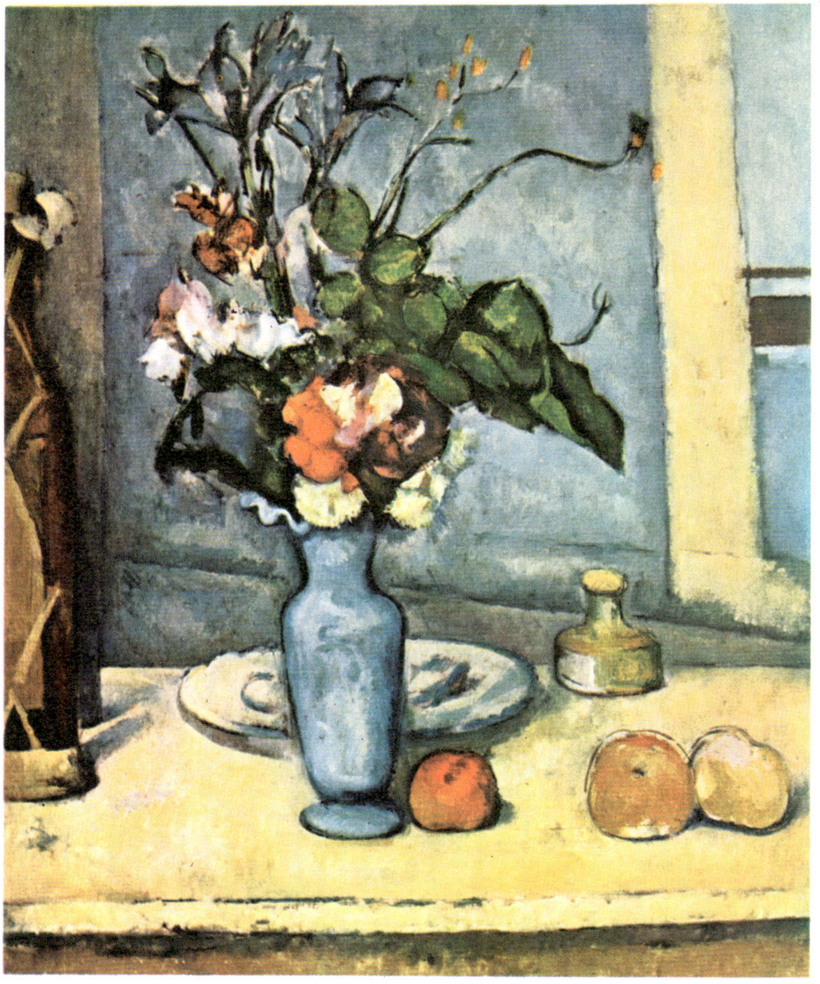

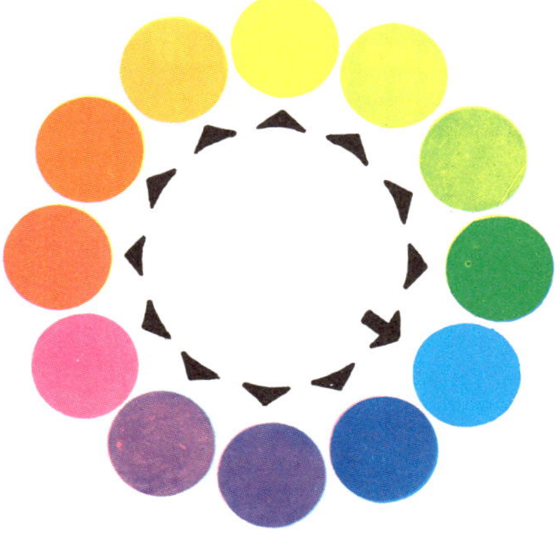

Abbildung 21: SPEKTRALSKALA MIT WARMER ODER KALTER DOMINANZ (Paul Cézanne: “Die blaue Vase”). Hier zum Abschluß ein Bild des berühmtesten französischen Impressionisten. Es wurde mit sämtlichen Farben der Spektralskala gemalt, besitzt jedoch in allen Farben einen deutlichen Blaustich. Gleichzeitig weist es mit dem Farbfleck der mittleren roten Blume (eine wunderbare, genau berechnete Dissonanz) einen herausspringenden Punkt auf, der die bläuliche Tendenz des Gesamtbildes noch verstärkt.

Das Buch geht zu Ende. Ich habe versucht, Ihnen zu erklären, was der Kunstmaler unternimmt, um die Farben und die Formen seines Modells herauszuarbeiten. Lassen Sie mich zum Abschluß die wichtigsten Punkte der vier Kapitel noch einmal zusammenfassen. Mögen sie Ihnen helfen, sich an das zu erinnern, was Sie beim Malen tun müssen und was Sie keinesfalls tun dürfen.

ZUSAMMENFASSUNG DES INHALTS DIESES BUCHES

1. **Das Licht setzt sich aus den Spektralfarben zusammen. Also "färbt" das Licht die Körper, die ihrerseits alle oder einen Teil der Spektralfarben reflektieren. Die Malerfarben entsprechen genau den Spektralfarben. Deshalb ist es möglich, alle Naturfarben mit großer Originaltreue wiederzugeben.**

2. **Beim Malen unterscheidet man an einem Körper a) die Lokal- oder Eigenfarbe des Körpers, b) die von den Auswirkungen von Licht und Schatten veränderte tonale Farbe und c) die von den umliegenden Körpern reflektierte Farbe. Diese drei Farben werden ihrerseits von der Eigenfarbe und der Stärke des Lichtes sowie der dazwischenliegenden Atmosphäre bestimmt.**

3. Bei den Kontrasten muß man zwischen Farbkontrasten und Tonwertkontrasten unterscheiden. Hellblau und Dunkelblau ergeben einen Tonwertkontrast, Blau und Rot bilden einen Farbkontrast.

4. Die Mischung zweier Komplementärfarben ergibt durch Neutralisierung Schwarz.

5. Polare Kontraste ergeben sich durch Nebeneinanderstellung von Komplementärfarben.

6. Eine Farbe projeziert ihre Komplementärfarbe auf die benachbarten Farben. Ein Beispiel: Gelb überzieht die umliegenden Farben leicht mit Dunkelblau (Komplementärfarbe von Gelb). Entsprechend dieser Regel braucht man, um eine gegebene Farbe in einem gewissen Maße zu verändern, nur die sie umgebende Farbe zu verändern.

7. Grau setzt sich zur Hälfte aus Weiß und zur Hälfte aus Schwarz zusammen. Benutzt man zum Aufhellen einer Farbe also nur Weiß, bedeutet es, daß man sie graustichig macht. Dasselbe gilt, wenn man zum Abschatten einer Farbe Schwarz verwendet. Zum korrekten Aufhellen bzw. Abschatten einer Farbe benutzt man vielmehr die im Spektrum vorangehende bzw. folgende Farbe.

8. Die Farben der Schatten setzen sich zusammen aus a) Blau, das in allen Schatten vorhanden ist, b) der Eigenfarbe des Körpers in einem dunkleren Ton, c) der Komplementärfarbe der Eigenfarbe.

9. Das Harmonisieren der Farben, das Auffinden der Farbakkordik, hat zum Ziel, eine Übereinstimmung einer Farbe mit den anderen oder mehrerer Farben untereinander zu erzielen und so ein angenehmes Ensemble für das Auge zu erreichen. Diese Übereinstimmung basiert auf der Kenntnis und der Anwendung der verschiedenen Farbskalen. Eine Skala besteht aus einer Folge von Farben oder Tonwerten in einer perfekten Anordnung.

10. Zwei Komplementärfarben gleicher Werte (zum Beispiel Purpur und Grün) harmonieren nicht miteinander. Harmonisierung läßt sich dagegen mit zwei Komplementärfarben unterschiedlicher Werte oder zwei Komplementärfarben mit abgeschwächten Ton- und Farbwerten erreichen.

11. Bei jeder Harmonisierung nach einer Farbskala gibt es immer eine dominierende Farbe. Diese Dominante kann entweder eine warme oder eine kalte Farbe sein. Die bezeichnendste kalte Farbe ist Blau; Rot ist die charakteristischste warme Farbe.

12. Zu einer absolut harmonischen Akkordbeziehung, die also entweder aus der Skala der warmen oder der kalten Farben besteht, gehören immer mehrere dissonante Töne, die aufgrund ihres Kontrastes die gewählte Skala verstärken.

ISBN 3-924433-01-1